W0088547

Joachim Lehmann

Der ehrenamtliche Vereinsvorstand

Aufgaben – Risiken – Rechte

Inhaltsverzeichnis

1	**Wie wird wer wann Vorstand**	**7**
1.1	Wer kann es werden	7
1.2	Wie groß soll der Vorstand sein	7
1.3	Die Bestellung	8
1.4	Wahlverfahren	9
1.5	Mehrheit, Annahme, Eintragung	10
1.6	Amtsdauer	10
1.7	Ende des Vorstandsamtes	11
2	**Ohne Vorstand kein Verein**	**11**
2.1	Handeln für die Körperschaft	11
2.2	Alle zugleich?	12
2.3	Flagge zeigen	12
2.4	Einschränkungen beachten	12
2.5	Eigenhaftung vermeiden	13
2.6	Passivvertretung	13
2.7	Die Ressortverantwortlichkeit	14
2.8	Der besondere Vertreter	15
2.9	Die Vollmacht	16
2.10	In sich Geschäfte	17
2.11	Entlastung des Vorstandes	17
3	**Wer ist der Chef**	**18**
3.1	Weisungsorgan Mitgliederversammlunmg	18
3.2	Satzung vor Gesetz	18
3.3	Abweichungen möglich	18
3.4	Zurück geht nicht	18
3.5	Beschluss überprüfen	19
3.6	Ausführung verweigern	19
4	**Allgemeine Vorstandspflichten**	**19**
4.1	Pflicht und Kür	19
4.2	Sorgfältig, verantwortungsvoll, selbstständig	20
4.3	Sorgfalt	20
4.4	Führung	20
4.5	Verantwortung	20
4.6	Interessenkollisionen vermeiden	21

4.7	Verschwiegenheit	21
4.8	Treue	22
5	**Gesetzliche Verpflichtungen**	**22**
5.1	Anmeldung Registergericht	22
5.2	Kosten der Anmeldung	22
5.3	Auskunftspflicht	23
5.4	Steuererklärungen	23
5.5	Sozialversicherung	23
5.6	Insolvenz?	23
6	**Vertragliche Verpflichtungen**	**24**
6.1	Verbandsmitgliedschaften	24
6.2	Verträge	24
6.3	Leistungen gegenüber den Mitgliedern	24
6.4	Versicherungen	24
6.5	Gema	26
7	**Allgemeine Verwaltung**	**28**
7.1	Mitgliederverwaltung	28
7.2	Vertragliche Rechte und Pflichten durchsetzen	28
7.3	Personalverantwortung / Aufsichtspflicht	29
7.4	Buchführung	29
7.5	Gemeinnützigkeit	30
7.6	Ordnungsmäßigkeit der Buchführung	31
7.7	Vier steuerliche Bereiche	31
7.8	Jahresabschluss	31
8	**Vermögenswerte erhalten**	**32**
8.1	Finanzplan	32
8.2	Liquiditätsplan	33
8.3	Inventarverzeichnis	33
8.4	Ansprüche durchsetzen	33
8.5	Gegnerische Ansprüche Abwehren	33
9	**Grundzüge der Vereinsbesteuerung**	**34**
9.1	Die möglichen Steuerarten	34
9.2	Steuerpflichtig?	34
9.3	Steuererklärungspflichten	35
9.4	Steuerzahlungspflichten	35
9.5	Vertretung durch den Vorstand	35

9.6   Lassen Sie sich beraten... 35
9.7   Gemeinnützigkeit sichern.. 35
10   Mögliche persönliche Haftung 36
10.1   Die mögliche Haftung gegenüber Ihrem Verein............. 36
10.2   § 31 a BGB.. 36
10.3   Vertretungsmacht beachten 37
10.4   Die mögliche Haftung gegenüber Dritten...................... 37
11   Vorstandssitzungen 38
11.1   Vorbereitung und Einberufung....................................... 38
11.2   Durchführung und Beschlussfähigkeit............................ 38
11.3   Rechtswirksamkeit der Beschlüsse................................. 39
11.4   Protokoll und Umsetzungskontrolle 39
12   Mitgliederversammlung... 40
12.1   Die Aufgaben der Mitgliederversammlung 40
12.2   Einberufung... 40
12.3   Rechenschaftsbericht... 42
12.4   Feststellung Jahresabschluss und Haushaltsplan 45
12.5   Rechtswirksamkeitsprüfung... 46
12.6   Protokoll.. 46
12.7   Umsetzung der Beschlüsse 48
13   Führungsaufgaben 48
13.1   Die Richtung angeben 48
13.2   Verständliche Satzung.. 48
13.3   Vereinsgrundsätze.. 49
13.4   Vereinsziele.. 49
13.5   Planungen... 50
13.6   Kontrollen 50
14   Die Rechte des Vorstandes... 51
14.1   Vertretungsmacht des Vorstandes gemäß § 26 BGB......... 51
14.2   Vertretung des Vereins gegenüber den Mitgliedern.......... 52
14.3   Die Rechte aus Geschäftsführungsaufgaben..................... 52
14.4   Weitere Rechte des Vorstands.. 52
14.5   Die Leitung der Mitgliederversammlung.......................... 53
14.6   Recht auf Rücktritt 54
14.7   Aufwandsersatz für Vorstände 54
14.8   Aufwendungsersatz 55

14.9	Ehrenamtspauschale	55
15	**Vorstandsmitglieder als Arbeitnehmer des Vereins**	**56**
15.1	Argumente	56
15.2	Satzungsformulierung für Vorstandsvergütung	57
15.3	Angemessene Bezahlung	58
15.4	Mitgliederversammlung	59
15.5	Kein Arbeitnehmer	60
15.6	Fast Arbeitnehmer mit Dienstvertrag	60
15.7	Haftung und Dienstvertrag	61
16	**Aufbauorganisation**	**62**
16.1	Gremien	62
16.2	Geschäftsverteilungsplan	63
16.3	Kompetenzen und Vollmachten	63
16.4	Muster - Geschäftsanweisung Kompetenzen	64
16.5	Stellenbeschreibung 1. Vorsitzender (Muster)	65
16.6	Stellenbeschreibung 2. Vorsitzender (Muster)	66
16.7	Stellenbeschreibung Schatzmeister (Muster)	67
16.8	Stellenbeschreibung Geschäftsführer (Muster)	68
16.9	Stellenbeschreibung Jugendwart (Muster)	69
16.10	Stellenbeschreibung Pressewart (Muster)	70
17	**Notvorstand**	**71**
17.1	Vorstand gesucht	71
17.2	Nur in dringenden Fällen	71
17.3	Mindestens einer fehlt	72
17.4	Nicht immer die Lösung	73
17.5	Antragsteller	73
17.6	Keine Formvorschriften	74
17.7	Personelle Vorschläge	74
17.8	Kosten des Notvorstands	74
17.9	Bestellung und Annahme	75
17.10	Eintragung	75
17.11	Ende des Amtes	75
18	**Ablauforganisation**	**76**
18.2	Muster-Sitzungsordnung	77
18.3	Muster-Geschäftsanweisung	81
19	**Grundsätze der Aufsichtspflicht**	**84**

20   Auszüge aus dem BGB mit Kommentar..................**86**
21   Abgabenordnung (Auszüge)...........................**98**
22   Musterbriefe...**115**
22.1 Schreiben wg. Neubesetzung Vereinsvorstand............... 115
22.2 Schreiben wg. einer Satzungsänderung......................... 116
22.3 Auflösung des Vereins 117
22.4 Notvorstand.. 119
23   Index..**120**

Haftungsausschluss

Alle Fakten in diesem Heft wurden sorgfältig recherchiert und nach bestem Wissen wiedergegeben. Trotzdem können wir für die Richtigkeit keinerlei Haftung übernehmen.

Wir bitten um Ihr Verständnis.

1 Wie wird wer wann Vorstand

1.1 Wer kann es werden

Wählbar sind alle voll geschäftsfähigen natürlichen und juristischen Personen sowie beschränkt geschäftsfähige Minderjährige. Auch Ausländer können nach dem Gesetz Vereinsvorstand werden, auch wenn sie Ihren Wohnsitz im Ausland haben. Es ist nach dem Gesetz nicht erforderlich, dass ein Vereinsvorstand auch Mitglied des Vereins ist. Dies kann jedoch in der Satzung so festgelegt werden.

Möglich ist auch, per Satzung die Wählbarkeit zum Vereinsvorstand an persönliche Voraussetzungen zu binden, wie Alter, Zugehörigkeit zu einer Berufsgruppe, Dauer der Vereinszugehörigkeit.

1.2 Wie groß soll der Vorstand sein

Ein Verein kommt nach dem Gesetz mit einer Person als Vorstand aus. Üblicher- und zweckmäßigerweise besteht der Vorstand jedoch aus mehreren Personen. Dies kann in der Satzung unterschiedlich festgelegt werden. Beispiele

- Der Vorstand besteht aus

    o dem 1. Vorsitzenden,

    o dem 2. Vorsitzenden,

    o dem Schatzmeister,

o   dem Schriftführer

in diesem Fall müssen mindestens vier Vorstände vorhanden sein, damit der Vorstand rechtswirksam Beschlüsse fassen kann. Die Aufgabenverteilung kann innerhalb des Vorstands erfolgen, wenn auch z.b. die Buchführung dem Schatzmeister vorbehalten ist.

• Der Vorstand besteht aus

o   Dem 1. Vorsitzenden,

o   dem 2. Vorsitzenden,

o   dem Schatzmeister,

o   dem Schriftführer

mit jeweils kurzer Aufgabenbeschreibung. Alle Vorstandsämter müssen besetzt sein, wenn rechtswirksam Beschlüsse gefasst werden sollen. Es gilt die so genannte Ressortverantwortlichkeit (s.o.)

• Der Vorstand besteht aus mindestens vier, höchstens sechs Personen. Der Vorstand regelt die Zuständigkeiten in einer der Mitgliederversammlung zur Kenntnis zu gebenden Geschäftsordnung.

Es muss nur die Mindestzahl der Vorstände vorhanden sein.

• Der Vorstand besteht aus sechs Personen. Sind nicht alle Positionen besetzt, übernehmen die verbliebenen Vorstandsmitglieder bis zur nächsten Mitgliederversammlung die Aufgaben der ausgeschiedenen Mitglieder kommissarisch.

1.3   Die Bestellung

Nach Paragraph 27 Absatz 1 BGB erfolgt die Bestellung des Vorstandes durch Beschluss der Mitgliederversammlung. Die Satzung kann diese Zuständigkeit anders regeln, in dem zum Beispiel die Bestellung des Vorstandes einem Kuratorium oder einem Beirat übertragen wird. Dann muss jedoch auch eine Abschrift über die Bestellung dieses Organs beim Registergericht eingereicht werden.

Bei der Wahl des Vorstandes durch die Mitgliederversammlung sind die formalen Vorschriften der Satzung genau zu beachten, denn sonst führt dies regelmäßig zur Ungültigkeit der Wahl. Es sollte in der Satzung eindeutig geregelt werden welche Mehrheiten für die Wahl des Vorstands erforderlich sind.

- Eine *relative Mehrheit* hat, wer mehr hat als jeder andere. (Sonderfall: mehr Ja- als Nein-Stimmen.)

- Eine *einfache Mehrheit* hat, wer mehr hat als die Hälfte der abgegebenen, gültigen Stimmen.

- Eine *absolute Mehrheit* hat, wer mehr hat als die Hälfte dessen, was möglich ist.

- Eine *qualifizierte Mehrheit* hat, wer einen festgelegten größeren Anteil hat als bei den drei zuvor genannten Mehrheiten.

- Eine *einmütige* Entscheidung liegt vor, wenn es keine Gegenstimmen, allerdings *Enthaltungen* gibt.

- Eine *einstimmige* Entscheidung ist gegeben, wenn alle Abstimmenden ein positives Votum abgeben.

Jede absolute Mehrheit ist auch eine einfache, jede einfache Mehrheit ist auch eine relative.

1.4 Wahlverfahren

Das Wahlverfahren sollte ebenfalls in der Satzung geregelt sein. Den Vorstand auf schriftlichem Wege zu wählen ist nur möglich, wenn es in der Satzung verankert ist oder alle Mitglieder des Vereins diesem Verfahren zustimmen.

Üblich sind das Blockwahlverfahren und die Einzelabstimmung. Im Blockwahlverfahren wird der gesamte Vorstand in einem Abstimmungsgang in gewählt. Erhält er nicht die erforderliche Mehrheit, wird über die Kandidaten anschließend einzeln abgestimmt. Das Blockwahlverfahren muss ausdrücklich in der Satzung gestattet werden.

1.5 Mehrheit, Annahme, Eintragung

Die Bestellung zum Vorstand ist vollzogen, wenn der Kandidat die erforderliche Mehrheit erhalten und die Wahl angenommen hat. Die Annahme kann mündlich oder schriftlich (auch vorher) erfolgen. Die Vorstandsbestellung bedarf zu ihrer Wirksamkeit nicht der Eintragung ins Vereinsregister. Jedoch sind die Vorstandsmitglieder verpflichtet, jede Änderung des Vorstands dem Vereinsregister zu melden.

1.6 Amtsdauer

Wenn in der Satzung nicht anders geregelt, endet das Vorstandsamt mit dem Ablauf der Wahlperiode. Wenn auf drei Jahre gewählt wurde, wird ab dem Datum der Mitgliederversammlung gezählt. Wenn die Mitgliederversammlung lt. Satzung „bis zum 31.3. eines Jahres durchgeführt werden muss" könnte man die Amtsdauer als bis zur Durchführung der Mitgliederversammlung vereinbart sehen.

Ein Vorstand kann als einzige Amtshandlung nach dem Ablauf seiner Wahlperiode noch die Mitgliederversammlung einberufen. Es ist daher sinnvoll, in der Satzung zu formulieren, dass der Vorstand bis zur Neubesetzung des Vorstands im Amt bleibt.

1.7 Ende des Vorstandsamtes

Das Amt des Vorstands endet

- Mit Zeitablauf (siehe oben)
- Durch Rücktritt (Ein Rücktritt zur Unzeit kann zu Schadensersatzansprüchen führen)
- Durch Tod
- Durch Amtsenthebung (siehe unten)
- Durch Ausschluss aus dem Verein (wenn die Satzung nichts anderes bestimmt)
- Durch Geschäftsunfähigkeit
- Durch Wegfall persönlicher Eigenschaft (z.B. verlangter Beruf wird nicht mehr ausgeübt)

Wenn in der Satzung nicht anders geregelt, kann ein Vorstand in dem gleichen Verfahren, wie er gewählt wurde, auch wieder abgewählt werden. Dabei sind auch hier sehr genau die formellen Vorschriften zu beachten, das heißt, es muss in einer ordentlichen oder außerordentlichen Mitgliederversammlung über diesen in der Einladung bekannt gegebenen Tagesordnungspunkt abgestimmt werden.

2 Ohne Vorstand kein Verein

2.1 Handeln für die Körperschaft

Um als Körperschaft handeln zu können, ist jeder Verein nach dem BGB verpflichtet, sich einen Vorstand zu wählen. Für die Wahl zuständig ist i.d.R. die Mitgliederversammlung. Der Vorstand vertritt den Verein gerichtlich und außergerichtlich nach außen, bei Gerichtsangelegenheiten bei Geschäften mit Dritten, und nach innen gegenüber Mitarbeitern und Mitgliedern des Vereins.

Er ist der gesetzliche Vertreter des Vereins. Die Vertretungsmacht kann in der Satzung beschränkt werden. Z.B. „Der Vorstand benötigt zur Aufnahme eines Kredites die Zustimmung der Mitgliederversammlung". Ihm darf die Vertretungsmacht aber nicht völlig entzogen werden.

2.2 Alle zugleich?

Wenn nicht anders geregelt, müssen alle Vorstandsmitglieder gemeinsam handeln. Da dies jedoch relativ unpraktikabel ist, schreibt die Satzung meistens eine andere Regelung vor.

2.3 Flagge zeigen

Achten Sie als Vorstandsmitglied darauf, das der Vertragspartner erkennt, dass Sie für den Verein handeln, sonst kaufen Sie vielleicht zehn Tennisschläger für sich privat und können damit Ihre Kellerbar dekorieren.

So schlimm wird es nicht kommen, aber Verträge sollten sie nur unterschreiben, wenn durch den Vereinsstempel oder durch den Text der Unterschriftszeile deutlich wird, das Ihr Verein der Vertragspartner ist und nicht Sie persönlich.

2.4 Einschränkungen beachten

In der Satzung kann Ihre Vertretungsmacht auch in der Sache rechtswirksam gegenüber Dritten eingeschränkt werden, indem bestimmte Geschäfte überhaupt verboten werden, z.B. Grundstückskäufe, Geldanlagen außerhalb von Kreditinstituten, bestimmte Geschäfte eines Beschlusses der Mitgliederversammlung bedürfen, z.B. Kreditaufnahmen, Einstellung von hauptamtliche Mitarbeitern.

2.5   Eigenhaftung vermeiden

Wenn Sie Ihre Vertretungsmacht überschreiten, d.h. Sie schließen ein verbotenes Geschäft für den Verein ab oder die interne Beschlusslage (Mitgliederversammlung, Vorstand) entspricht nicht dem von Ihnen abgeschlossenen Vertrag, kann eine Eigenhaftung für Sie persönlich eintreten.

Beispiele: Der Vorstand übersieht, dass für die Einstellung eines Chorleiters der Beschluss der Mitgliederversammlung erforderlich gewesen wäre. Oder: ein Vorstandsmitglied bestellt ohne Kompetenz für eine Jugendmannschaft einen Satz Trikots. Dann müssen die Handelnden das Geschäft gegen sich gelten lassen oder Schadenersatz leisten, es sei denn, der Verein bzw. die dafür zuständigen Organe genehmigen den Geschäftsabschluss nachträglich. Bei verbotenen Geschäften ist eine Heilung nicht möglich.

2.6   Passivvertretung

Nicht eingeschränkt werden kann der Vorstand in der so genannten Passivvertretung. Das heißt, die Abgabe einer Willenserklärung einem Vorstandsmitglied gegenüber muss der gesamte Vorstand und damit der Verein gegen sich gelten lassen.

Die Kündigung einer Mitgliedschaft, falls sie nicht formgebunden ist, kann mit rechtlicher Wirkung auch nur einem Vorstandsmitglied gegenüber erklärt werden. Achten Sie darauf, dass Sie solchermaßen an Sie gegebene Informationen an den zuständigen Vorstandskollegen oder an den Gesamtvorstand weiterleiten.

2.7 Die Ressortverantwortlichkeit

2.7.1 Schon bei mittelgroßen Vereinen sinnvoll

Schon bei mittelgroßen Vereinen - etwa ab 100 Mitgliedern oder Umsätzen ab 25.000 € - kann es sinnvoll sein, die Aufgaben des Vorstands auf die einzelnen Mitglieder zu verteilen, die so genannte Ressortverantwortlichkeit einzuführen.

Im Vereinsvorstand gilt grundsätzlich die Gesamtgeschäftsführung, d.h. alle Entscheidungen werden im Vorstand durch Abstimmung getroffen. Damit ist auch jedes Vorstandsmitglied für alle Handlungen verantwortlich. Dies gilt auch, wenn der Vorstand die Aufgaben untereinander, z.B. durch Stellenbeschreibungen, verteilt hat, ohne dies satzungsmäßig zu verankern.

Immer dann, wenn die Aufgaben des Vereins komplexer werden, wenn steuerrechtliche oder personalrechtlich Fragen eine Rolle spielen oder größere Vermögen z.B. Clubheim mit Gastronomie, Tennishalle zu verwalten sind, bietet sich schon aus Gründen der Effizienz der Vorstandsarbeit eine echte Ressortaufteilung an.

2.7.2 Die Satzung muss es hergeben

Rechtlich wird eine solche Ressortaufteilung nur anerkannt, wenn folgende Voraussetzungen erfüllt sind:

• Die Ressortaufteilung wird in der Satzung festgelegt oder die Satzung ermächtigt den Vorstand, eine Ressortaufteilung vorzunehmen.

• Es erfolgt eine genaue Aufgabenverteilung, die eine klare Abgrenzung der einzelnen Ressorts ermöglicht.

• Der Ressortleiter wird erhält ausreichende Kompetenzen, um die üblichen Entscheidungen in seinem Ressort allein

treffen zu können, ohne dass ein zusätzlicher Vorstandsbe-
schluss erforderlich ist.

- Der Ressortleiter hat die persönliche und fachliche Eignung
für sein Ressort. Die persönliche Eignung erklärt sich von
selbst, die fachliche Eignung bedeutet, dass der Ressortleiter
die notwendigen fachlichen Kenntnisse für sein Ressort haben muss oder in der Lage sein muss, diese sich anzueignen.

2.7.3   Ressort Schatzmeister

Die Vorteile dieser Regelung liegen auf der Hand: In den Vorstandssitzungen gibt es deutlich weniger Beratungs- und Diskussi-
onsbedarf, Der Ressortleiter kann schnell und fachgerecht entschei-
den und als Fachmann auf seinem Gebiet ist er in der Lage, haftungs-
rechtliche Risiken realistisch einzuschätzen und zu minimieren.

Dem Vorstand obliegt lediglich noch die Verpflichtung, sich regelmäßig vom Ressortleiter informieren zu lassen und so ohne
fachliche Überprüfung zu kontrollieren, dass dieser seinen Aufgaben
nachkommt. Für kleinere Vereine kann es ausreichend sein, lediglich
das Ressort „Finanzen" einschließlich der steuerlichen Fragen in der
oben geschilderten Weise dem Ressortleiter „Schatzmeister" zuzu-
weisen.

2.8   Der besondere Vertreter

2.8.1   Für eingegrenzte Aufgabenbereiche

Nun gibt es im Verein vielfältige Aufgaben, die nicht immer vom
Vorstand erledigt werden müssen. Nehmen wir zum Beispiel die
Aufgaben der Abteilungsleiter in einem Mehrspartenverein, des
Jugendwartes, des Verantwortlichen für das Clubheim oder eines
außerhalb des Vorstands beauftragten Geschäftsführers oder des
Leiters der Vereinsgeschäftsstelle.

Das Vereinsrecht kennt hierfür den „besonderen Vertreter" gemäß § 30 BGB. Hiernach kann der Vorstand diesem Personenkreis nicht nur interne Entscheidungskompetenz übertragen, sondern nach satzungsgemäßer Legitimation können diese den Verein auch nach außen Vertreten und für ihn rechtsverbindlich Geschäfte abschließen.

2.8.2   In der Satzung festlegen

Voraussetzung ist, das in der Satzung entweder festgelegt ist, dass besondere Vertreter von der Mitgliederversammlung gewählt werden können, oder dass der Vorstand besondere Vertreter ernennen und abberufen kann.

Der besondere Vertreter hat die Stellung eines Vorstandes nach § 26 BGB und ist damit ein vertretungsberechtigtes Organ des Vereins, die Vertretungsmacht erstreckt sich jedoch nur auf die Rechtsgeschäfte, die der zugewiesene Aufgabenbereich gewöhnlich mit sich bringt. Da solche Geschäfte den Verein natürlich binden, sollte die Vertretungsmacht beschränkt werden, etwa durch eine schriftlich erteilte Vollmacht oder, dann mit verbindlicher Außenwirkung, durch Darlegung der Beschränkung in der Satzung.

2.9   Die Vollmacht

Möchten Sie so weit reichende Bestimmungen nicht in Ihre Satzung aufnehmen, können Sie als Vorstand auch andere Vereinsmitglieder oder Dritte mit der Vertretung des Vereins durch Rechtsgeschäft beauftragen, sofern die Satzung eine Vollmachterteilung nicht ausdrücklich verbietet. Stellen Sie diesen dann eine entsprechende Vollmacht aus.

„Wir beauftragen und bevollmächtigen Herrn Wilfried Muster, Anschrift, für unseren Verein die fälligen Vereinsbeiträge in bar zu kassieren."

Die Vollmacht muss sachlich, wie in diesem Beispiel, oder der Höhe nach begrenzt sein, da eine Generalvollmacht unzulässig ist.

2.10 In sich Geschäfte

Auch als Vertreter des Vereins dürfen Sie mit sich selbst keine Geschäfte abschließen, es sei denn, die Satzung erlaubt dies ausdrücklich. Beispiel: Sie stellen dem Verein Ihre Garage als Geräteraum zur Verfügung - Den Vertrag dürfen Sie als Vorstandsmitglied nicht unterschreiben. Überlassen Sie dies anderen Vorstandskollegen.

2.11 Entlastung des Vorstandes

Das für die Entlastung des Vorstandes i.d.R. zuständige Vereinsorgan ist die Mitgliederversammlung. Sie entscheidet durch Mehrheitsbeschluss. Die Entlastung kann auch für jedes einzelne Vorstandsmitglied gesondert beschlossen und somit dem einen erteilt oder dem anderen versagt werden. Die betroffenen Vorstandsmitglieder haben bei der Entlastung kein Stimmrecht. Sofern die Vereinssatzung dies nicht anders regelt, kann der Vorstand jederzeit einen Antrag auf Entlastung stellen.

Mit der Entlastung verzichtet der Verein den entlasteten Personen gegenüber auf Schadensersatz- und Bereicherungsansprüche. Die Entlastung wird grundsätzlich nur für die bekannten Handlungen erfolgen. Wird eine schadenverursachende Handlung erst nach der Entlastung bekannt, gilt der Vorstand für die Handlung nicht als entlastet.

Die Entlastung erfolgt in der Regel für das abgelaufene Geschäftsjahr.

3 Wer ist der Chef

3.1 Weisungsorgan Mitgliederversammlunmg

Nach dem Gesetz (§ 32 BGB) werden die Angelegenheiten des Vereins durch Beschlussfassung in einer Mitgliederversammlung geordnet. Damit ist die Mitgliederversammlung das Weisungsorgan, quasi der Chef des Vereinsvorstands.

3.2 Satzung vor Gesetz

Die Mitgliederversammlung kann jedoch bereits in der Satzung weitgehend auf dieses Recht verzichten, indem sie dem Vorstand weit reichende Kompetenzen einräumt.

3.3 Abweichungen möglich

Da es völlig unpraktikabel wäre, in jedem Fall die in der Regel nur einmal im Jahr tagende Mitgliederversammlung zu befragen, kann der Vorstand die üblichen Geschäfte eigenverantwortlich führen, er kann sogar von Weisungen der Mitgliederversammlung abweichen, wenn er davon ausgehen kann, dass diese Abweichung von der Mitgliederversammlung gebilligt würde. Es ist jedoch die Pflicht des Vorstandes, nachträglich die Mitgliederversammlung von den Abweichungen zu informieren.

3.4 Zurück geht nicht

Hat die Mitgliederversammlung in der Satzung festgelegt, dass der Vorstand für bestimmte Angelegenheiten zuständig ist, kann sie diese Angelegenheit nicht ohne Satzungsänderung an sich ziehen. Beispiel: Dem Vorstand obliegt die Einstellung von Mitarbeitern, eine Einstellung gefällt der Mitgliederversammlung nicht und sie verlangt vom Vorstand, diese zu korrigieren. Dem muss der Vorstand nicht nachkommen.

3.5 Beschluss überprüfen

Auch wenn die Mitgliederversammlung ein Weisungsrecht gegenüber dem Vorstand hat, entbindet dies den Vorstand nicht von der Pflicht, jeden Beschluss der Mitgliederversammlung dahingehend zu prüfen, ob er gegen Gesetz, Satzung oder andere Richtlinien oder Vereinsordnungen verstößt. In diesen Fällen hat der Vorstand zu prüfen, ob er den Beschluss zurückweist.

3.6 Ausführung verweigern

Wenn die Mitgliederversammlung den Vorstand per Beschluss anweist, gegen gesetzliche Verbote oder gegen die guten Sitten zu verstoßen, darf der Vorstand diesen Beschluss nicht ausführen. Ebenso musste die Ausführung von Beschlüssen verweigern, die von vornherein nichtig sind. Bei fehlerhaften Beschlüssen, die eventuell vor Gericht angefochten werden können, kann der Vorstand die Umsetzung aussetzen, bis vor Gericht entschieden wurde.

4 Allgemeine Vorstandspflichten

4.1 Pflicht und Kür

Die Aufgaben als Vereinsvorstand kann man in zwei Bereiche untergliedern, die Vertretung des Vereins nach außen und die Geschäftsführung des Vereins. In beiden Bereichen gibt es Pflichtaufgaben, die sich aus Gesetzen, der Satzung oder Verträgen ergeben und freiwilligen Aufgaben, die gleichwohl von den Mitgliedern und der Öffentlichkeit von einem Vereinsvorstand erwartet werden.

4.2 Sorgfältig, verantwortungsvoll, selbstständig

Als Vorstand müssen sie die Ihnen übertragenen Aufgaben wahr-nehmen

- mit der Sorgfalt eines ordentlichen Kaufmanns
- in verantwortlicher leitender Position
- bei selbstständiger Wahrnehmung fremder Vermögensinte-ressen.

4.3 Sorgfalt

Die Anforderung "Sorgfalt eines ordentlichen Kaufmanns" macht deutlich, dass sich die Aufgaben eines Vereinsvorstandes von denen z.B. eines Geschäftsführers einer GmbH vielleicht im Volumen der zu bewältigenden Tätigkeiten, nicht jedoch in deren Qualität unter-scheiden. Die Sorgfalt beginnt damit, dass Sie Ihre Vereinsunterla-gen separat von sonstigen Aufbewahren, so dass Sie jederzeit z.B. in einem Protokoll nachschlagen können.

4.4 Führung

Deutlich gemacht wird auch, dass Sie für ihr Tun Verantwortung tragen und dass sie eine leitende Position bekleiden. Das heißt, die Mitglieder und das Umfeld erwarten von dem Vereinsvorstand, dass er den Verein führt und nicht nur verwaltet. Lassen Sie sich nicht bei der vorgesehenen Wahl überreden: Sie haben sowieso kaum etwas zu tun, dass macht alles der Geschäftsführer. Ihre Führungsverantwor-tung kann Ihnen niemand abnehmen.

4.5 Verantwortung

Ihnen sind mitunter nicht unerhebliche Vermögenswerte, aber auch die Verantwortung für Menschen übertragen. Die vereinseige-nen Vermögenswerte verwalten Sie am besten, wenn Sie bei den Ausgaben sich so verhalten, als sei es Ihr Geld, bei den Einnahmen, als hänge Ihre persönliche Existenz gerade von diesem Betrag ab. Eine mitunter anzutreffende Großzügigkeit bei der Verwaltung des Vereinsvermögens ist völlig unangebracht.

4.6   Interessenkollisionen vermeiden

Ein wichtiger Punkt ist die Vermeidung von Interessenkollisionen. Als Vorstand sind Sie gehalten, nur die Vereinsinteressen zu verfolgen. Die Interessen Dritter und die eigene Interessen haben hinter den Vereinsinteressen zurück zu stehen.

Wir empfehlen, bei größeren Anschaffungen mehrere Angebote einzuholen, bei kleineren Anschaffungen in den Unterlagen Vergleichspreise festzuhalten. Leistungsbedingte Zahlungen an Mitglieder, z.B. Architektenhonorar, aber auch für Büroarbeiten, sind natürlich erlaubt. Sie müssen jedoch den Zahlungen bei vergleichbaren Tätigkeiten oder Dienstleistungen außerhalb des Vereins entsprechen.

4.7   Verschwiegenheit

Was vielfach übersehen wird es: Auch im Verein ist die Verschwiegenheitspflicht zu beachten. Dinge, die im Vorstand besprochen werden gehören nicht in die Öffentlichkeit. Mitglieder meinen mitunter, sie hätten ein Recht auf Information durch den Vorstand.

Dieses Recht ist unbestritten, es beschränkt sich jedoch auf Anfragen in der Mitgliederversammlung. Das Recht auf Auskunft in der Mitgliederversammlung wird dann aufgehoben, wenn zum Beispiel durch den Schutz persönlicher Daten andere Rechtsvorschriften Vorrang haben.

4.8 Treue

Mit ihrer Wahl und der Annahme der Wahl übernehmen Sie auch die Treueverpflichtung gegenüber Ihrem Verein, dieses Amt die volle Wahlperiode auszuüben. Grundsätzlich kann zwar ein ehrenamtliches Vorstandsmitglied jederzeit ohne Angabe von Gründen von seinem Amt zurücktreten, ein Rücktritt zur Unzeit kann zu Schadensersatzansprüchen des Vereins führen.

5 Gesetzliche Verpflichtungen

5.1 Anmeldung Registergericht

Als erste gesetzliche Verpflichtung nach ihrer Wahl haben sie die Zusammensetzung des neuen Vorstandes dem Registergericht zu melden. Bis dahin können gutgläubige Dritte noch mit dem bisherigen Vorstand für den Verein Verträge abschließen. Versäumen Sie diese Meldungen und entsteht daraus dem Verein ein Schaden, kann dies durchaus zu Regressforderungen gegen Sie führen.

Auch eine Änderung Ihrer Satzung ist unverzüglich dem Registergericht unter Einhaltung der formalen Bestimmungen zu melden. Bleibt der Vorstand auch nach der Wahl unverändert, brauchen Sie dies dem Registergericht nicht zu melden, eine informelle (nicht zu beglaubigende) Nachricht an das Registergericht ist ausreichend.

5.2 Kosten der Anmeldung

Das Registergericht berechnet Ihnen z.Zt. für eine Anmeldung folgende Kosten:

- Erstanmeldung: Doppelte volle Gebühr
- Weitere Anmeldung: Volle Gebühr.

Das Anschreiben an das Gericht ist vom Vorstand zur unterschreiben, mindestens von der zur Vertretung des Vereins berechtigten Anzahl Vorstandsmitglieder. Die Beglaubigung durch den Notar kosten ¼ volle Gebühr, mindestens 10,-- höchstens 130,-- Euro. Der Geschäftswerte, nach dem sich die Gebühr bemisst, wird vom Rechtspfleger festgesetzt. Sie beträgt z.B. bei einem Geschäftswert von 3000,-- Euro 26,-- Euro, bei einem Geschäftswert von 100.000,-- Euro 207,-- Euro.

5.3 Auskunftspflicht

Sie müssen dem Registergericht auf Verlangen Auskunft über die Zahl der Vereinsmitglieder geben, da der Verein von Amts wegen aufgelöst werden kann, wenn die Mitgliederzahl unter 3 sinkt.

5.4 Steuererklärungen

Auch das Finanzamt möchte von Ihnen die entsprechenden Steuererklärungen, dies sind eine Körperschaftsteuererklärung, eine Umsatzsteuererklärung und evtl. eine Lohnsteuererklärung.

5.5 Sozialversicherung

Beachten Sie auch die Sozialversicherungspflichten, wenn sie Personen für Tätigkeiten im Verein bezahlen. Für nicht abgeführte Sozialversicherung ebenso wie für nicht abgeführte Mehrwertsteuer haftet der Vereinsvorstand unter Umständen persönlich.

5.6 Insolvenz?

Ein Fall der hoffentlich nie Eintritt: Bei Überschuldung des Vereins oder bei Zahlungsunfähigkeit müssen sie als Vereinsvorstand unter Umständen zum Konkursrichter gehen.

6   Vertragliche Verpflichtungen

6.1   Verbandsmitgliedschaften

Häufig sind Vereine selbst Mitglieder in Verbänden. Achten Sie darauf, dass sie dort und sowohl ihre (Zahlungs-) Verpflichtungen erfüllen aber auch ihre Rechte wahrnehmen. Ihre Mitglieder erwarten das von dem Vorstand. Lassen Sie sich also von jedem Verband, dem der Verein angehört, die neueste Satzung aushändigen.

6.2   Verträge

Aus sonstigen Verträgen eingegangene Verpflichtungen sind für den Verein, wenn sie durch legitimierte Vertreter abgeschlossen wurden, verbindlich. Gerade bei länger laufenden Verträgen sollten die Unterlagen sorgfältig aufbewahrt werden.

6.3   Leistungen gegenüber den Mitgliedern

Achten Sie darauf, dass die in der Satzung den Mitgliedern versprochenen Leistungen auch von den Mitgliedern abgefordert werden können.

6.4   Versicherungen

Erhebliche Risiken entstehen durch nicht bezahlte Versicherungsprämien. Die Gefahr, dass der Verein das zuständige Vorstandsmitglied für den dadurch entstandenen Schaden in Regress nehmen will, ist erfahrungsgemäß nicht zu unterschätzen.

Zunächst ist darauf zu achten dass ein ausreichender Haftpflicht-Versicherungsschutz gewährleistet wird; die Betriebs- oder Vereins-haftpflicht bietet hier meist ein ausreichendes "Paket" für

• Personen-, Sach- und Vermögensschäden

An zweiter Stelle steht die Versicherung der für den Verein tätigen Personen gegen "Arbeitsunfälle", wobei sorgfältig zu prüfen ist, ob nicht der Versicherungsschutz der gesetzlichen

- Unfallversicherung

bereits für ausreichend gehalten wird. Die

- Vertrauensschadenversicherung

schützt den Verein z.B. dann, durch das Verschulden eines Mitarbeiters des Vereins (auch ehrenamtlich) dem Verein ein Vermögensschaden zugefügt wird.

Für wichtig halten wir auch eine Rechtsschutzversicherung. Diese deckt, im vereinbarten Umfang, die Kosten, wenn der Verein einen Prozess führen muss. Eingeschlossen werden können:

- Schadenersatz-Rechtsschutz,
- Arbeitsrechtsschutz,
- Strafrechtsschutz,
- Sozialgerichts-Rechtsschutz,
- Vertrags-Rechtsschutz,
- Mietrechtsschutz und
- Verkehrsrechtsschutz.

Schließlich ist zu prüfen, inwieweit Sachwerte (Inventar, Gebäude) gegen bestimmte Risiken versichert werden sollen. Dies sind in der Regel

- Feuerversicherung
- Einbruchdiebstahlversicherung
- Leitungswasser-, Sturm- und Glasversicherung

6.5 Gema

Unter diesem Kürzel verbirgt sich die Gesellschaft für musikalische Aufführungs- und mechanische Vervielfältigungsrechte; sie vertritt die Rechte der ihr angeschlossenen Komponisten, Textdichter und Musikverleger, also Musikurheber.

Daher gilt, dass, egal welche Musik öffentlich (oder im privaten Kreis ab 30 Personen) läuft, egal wer diese Musik aufführt, die GEMA die betreffende Veranstaltung mit ihrem fest geregelten Vergütungssatz belegen kann. Rechtlich abgesichert ist dies über das Urheberrechtsgesetz (§§ 97 und 106).

Sie können abschließen:

- Einzelverträge für Einzelveranstaltungen
- Pauschalverträge bei regelmäßigen Musikaufführungen
- Gesamtverträge durch Verbände

Die GEMA hat mit vielen Spitzenorganisationen, wie z.B. den Wohlfahrtsverbänden, Gesamtverträge abgeschlossen; hier gelten dann ermäßigte Vergütungssätze.

Die Anmeldung einer entsprechenden Veranstaltung erfolgt über die zuständige GEMA–Bezirksdirektion; dort kann auch die aktuelle Gebührengestaltung erfragt werden. Die Adresse der zuständigen Bezirksdirektion ist bei der GEMA–Generaldirektion, D-81667 München zu erfragen.

Achtung: Die Vergütungspflicht entfällt für Veranstaltungen

- der Jugendhilfe,
- der Sozialhilfe,
- der Alten- und Wohlfahrtspflege,
- der Gefangenenbetreuung
- sowie für Schulveranstaltungen, sofern sie nach ihrer sozialen oder erzieherischen Zweckbestimmung nur einem bestimmt abgegrenzten Kreis von Personen zugänglich sind. Dies gilt nicht, wenn die Veranstaltung dem Erwerbszweck dient. (§ 52 Urheberrechtsgesetz)

Erfährt die Gema von einer nicht gemeldeten Veranstaltung, (über Pressemeldungen u.ä.), darf sie die doppelte Vergütung verlangen. Für die Forderungen der GEMA haften nicht nur der Verein nach §§ 31, 831 BGB, sondern auch der Vereinsvorstand gesamtschuldnerisch nach § 840 BGB.

7 Allgemeine Verwaltung

7.1 Mitgliederverwaltung

Bei jedem größeren Verein sowie Vereinen mit einer hohen Fluktuation stellt die Mitgliederverwaltung eine ernst zu nehmende Herausforderung dar. Sie kann heute mit Hilfe der EDV vom Volumen her sicherlich besser bewältigt werden, aber die Pflege des Bestandes mit einer sorgfältigen Eingabe der Daten ist Voraussetzung für eine erfolgreiche Führung des Vereins und für zufriedene Mitglieder.

Nichts ist peinlicher, als wenn einem bereits ausgetretenen Mitglied ständig weiter Beiträge belastet werden aber auch, wenn einem Mitglied keine Beiträge in Rechnung gestellt werden. Das Geburtstage und Ehrungen erfasst werden ist heute ebenfalls selbstverständlich.

Es gehört zweifelsohne auch zu in Aufgaben des Vorstandes, die Mitglieder regelmäßig über ihre Rechte und Pflichten zu informieren. In den Vorstandssitzungen sollten regelmäßig über den Mitgliederbestand, seine Struktur und die Veränderungen berichtet werden.

7.2 Vertragliche Rechte und Pflichten durchsetzen

Als Vorstand ist es Ihre Aufgabe die vertraglichen Verpflichtungen des Vereins, z.B. aus Mietverträgen, zu erfüllen, aber auch seine Rechte durchzusetzen. Ist festgelegt, dass Mitglieder für die Benutzung des Clubheims für eine private Feier einen Betrag zu entrichten haben, kann ohne Änderung der Beschlusslage hierauf nicht verzichtet werden.

7.3   Personalverantwortung / Aufsichtspflicht

Sie sind als Vorstand auch „Dienstvorgesetzter" aller – auch ehrenamtlicher – Mitarbeiter des Vereins. Daraus resultiert die Verantwortung, diese Mitarbeiter nicht zu überfordern und Ihnen notwendige Hilfsmittel zur Verfügung zu stellen. Es besteht jedoch auch ein Weisungsrecht, da Sie sonst Ihre Pflichten nicht erfüllen können.

7.4 · Buchführung

7.4.1   Pflichten aus dem Steuerrecht

Eine Pflicht zu Buchführung und zur Erstellung eines Jahresabschlusses entsteht für Vereine u.a. dann, wenn folgende Grenzen erreicht sind

*   Gesamtumsatz mehr als 500.000 €
*   Gewinn aus Gewerbebetrieb von mehr als 65.000 €

Diese Grenzen werden natürlich von Vereinen selten erreicht. Dass die Vereine trotzdem eine Buchführung haben müssen, ergibt sich aus dem BGB.

7.4.2   Pflichten aus dem BGB

Vereine müssen auch nach dem BGB über ihre Geschäftsführung Rechenschaft ablegen, in dem sie Einnahmen und Ausgaben ordentlich aufzeichnen und die notwendigen Belege vorhanden sind. Für diese Art der Buchführung gelten die gleichen Bestimmungen wie für die aus steuerlichen Gründen veranlassten, auch wenn die o.g. Grenzen nicht erreicht werden.

7.4.3   Umsatzsteuer

Besteht eine Umsatzsteuerpflicht, dann ist der Verein als Unternehmer verpflichtet, zur Feststellung der Umsatzsteuer und der Grundlagen der Berechnungen Aufzeichnungen zu machen.

7.4.4 Lohnsteuer

Werden im Verein Arbeitnehmer beschäftigt, so ist für jeden Arbeitnehmer ein Lohnkonto zu führen.

7.5 Gemeinnützigkeit

7.5.1 Nachweis erforderlich

Gemeinnützige Vereine müssen den Nachweis, dass ihre tatsächliche Geschäftsführung ausschließlich und unmittelbar auf die Erfüllung der steuerbegünstigten Zwecke gerichtet ist, durch die Buchführung und sonstige Aufzeichnungen nachweisen.

7.5.2 Gemeinnützigkeit bringt Steuervorteile

Mit der Gemeinnützigkeit sind zahlreiche Steuervergünstigungen bei allen wichtigen Steuerarten verbunden:

- Steuerfreiheit bei der Körperschaft- und Gewerbesteuer,
- Z.T. Besteuerung der Umsätze mit dem ermäßigten Steuersatz von 7 v. H. bei der Umsatzsteuer,
- Befreiung von der Grundsteuer und der Erbschaftsteuer,
- Berechtigung zum Empfang von Spenden, die beim Geber steuerlich abziehbar sind,
- Zahlungen eines gemeinnützigen Vereins für bestimmte nebenberufliche Tätigkeiten gelten bis zur Höhe von 2400 Euro im Jahr beim Empfänger als steuerfreie Aufwandsentschädigung.

Die Steuervergünstigungen gelten grundsätzlich nur für

- die ideelle Tätigkeit des Vereins,
- die Vermögensverwaltung und
- die Zweckbetriebe.

Nicht jedoch für die wirtschaftlichen Geschäftsbetriebe des Vereins (außerhalb bestimmter Steuervergünstigungen)

7.6 Ordnungsmäßigkeit der Buchführung

Grundsätzlich muss eine Buchführung so gestaltet sein, dass sachverständige Dritte sich ohne große Schwierigkeiten und in angemessener Zeit einen Einblick verschaffen können. Die Bücher müssen übersichtlich geführt und förmlich in Ordnung, der Inhalt sachlich richtig sein. Die Geschäftsvorfälle müssen sich in ihrer Entstehung und Abwicklung buchmäßig verfolgen lassen. Zu Buchführung gehören auch eine Inventur und ein Inventarverzeichnis. Der Verein muss die Buchungsunterlagen aufbewahren. Die Aufbewahrungsfrist ist 10 Jahre.

7.7 Vier steuerliche Bereiche

Steuerbegünstigte Vereine müssen die Einnahmen, die sie für die steuerbegünstigten Zwecke verwenden, von den übrigen Einnahmen getrennt aufzeichnen. Das heißt, es muss eine Unterscheidung zwischen

- ideellen Bereich,
- Vermögensverwaltung,
- Zweckbetrieb und
- wirtschaftliche Geschäftsbetrieb

erfolgen.

7.8 Jahresabschluss

Am Ende des Jahres entwickeln Sie aus der Buchführung den Jahresabschluss. Dies kann eine Bilanz mit Gewinn und Verlustrechnung oder einer Einnahmenüberschussrechnung mit Status sein.

8 Vermögenswerte erhalten

8.1 Finanzplan

Als Vorstand haben Sie darauf zu achten, dass die finanziellen Belastungen des Vereins seiner Finanzkraft entsprechen. Dazu sollten Sie einen mittelfristigen Finanzplan aufstellen (Planungs-Horizont etwa drei bis fünf Jahre) sowie einen Liquiditätsplanung (je 12 Monate im Voraus). Aus dem Finanzplan ersehen Sie, ob die Einnahmen eines Jahres die Ausgaben decken.

Hier ein vereinfachtes Beispiel für Ihre Finanzplanung:

	Jahr 1	Jahr 2	Jahr 3
Beiträge	100.000	110.000	120.000
Spenden	20.000	20.000	20.000
Zuschüsse	15.000	15.000	15.000
Einnahmen	135.000	145.000	155.000
Übungsleiter	70.000	80.000	90.000
Mieten	20.000	20.000	20.000
Darlehnsbelastung neues Clubheim	0	50.000	45.000
Ausgaben	90.000	150.000	155.000
Zuführung/ Entn. Rckl.	45.000	- 5.000	0

8.2 Liquiditätsplan

Der Liquiditätsplan hilft ihnen bei der Sicherung ihrer Zahlungs-
fähigkeit. Hat zum Beispiel ein Verein die Pflege des städtischen
Sportplatzes übernommen und erhält dafür am Ende des Jahres einen
Zuschuss, können die laufenden Kosten durchaus zu ernsten Liquidi-
tätsproblemen führen.

8.3 Inventarverzeichnis

Für unverzichtbar halten wir auch ein Inventarverzeichnis, in dem
die Vermögenswerte des Vereins aufgeführt werden. Gegebenenfalls
ist auch der Standort dieser Vermögenswerte, die häufig auch von
Vereinsmitgliedern für den Verein verwaltet werden, anzugeben. Es
ist darauf zu achten, dass diese Vermögenswerte angemessen versichert sind.

8.4 Ansprüche durchsetzen

Die satzungsmäßigen Ansprüche des Vereins müssen durchgesetzt werden. Es liegt nicht in der Kompetenz des Vorstandes, auf
Beitragsansprüche zu verzichten (es sei denn, die Satzung hat das so
geregelt).

8.5 Gegnerische Ansprüche Abwehren

Unberechtigten Ansprüchen Dritter muss widersprochen werden.
Gegebenenfalls muss auch eine gerichtliche Auseinandersetzung
gewagt werden.

9   Grundzüge der Vereinsbesteuerung

9.1   Die möglichen Steuerarten

Vereine unterliegen der Steuerpflicht, soweit sie eine Steuer nach den Einzelsteuergesetzen als Steuerschuldner zu entrichten haben. Grundsätzlich sind Vereine uneingeschränkt steuerpflichtig, lediglich der ideelle Bereich ist völlig davon ausgenommen. Turnusmäßig sollten die steuerlichen Kenntnisse aller Vorstandsmitglieder, evtl. durch den Vortrag eines Fachmannes auf diesem Gebiet aufgefrischt werden.

Steuern die im Vereinsleben vorkommen sind:
- Die Körperschaftsteuer,
- die Gewerbesteuer,
- die Grundsteuer,
- die Umsatzsteuer,
- die Lohnsteuer.

9.2   Steuerpflichtig?

Es ist daher die Verpflichtung des Vereinsvorstands, stets sorgfältig zu prüfen, ob durch die Tätigkeit des Vereins eine Steuerpflicht entstanden ist. Ereignisse, die eine Steuerpflicht des Vereins begründen, ändern oder beenden sind dem Finanzamt zu melden.

Adressat für solche Meldungen ist das Finanzamt, in dessen Bezirk sich der Verein befindet. Die Meldungen müssen entweder innerhalb eines Monats seit Eintritt des meldepflichtigen Ereignisses erstattet werden oder, wenn festgestellt wird, dass eine Steuererklärung unrichtig oder unvollständig war, muss sogar unverzüglich eine Meldung erfolgen.

9.3 Steuererklärungspflichten

Für die Körperschaftsteuer, die Gewerbesteuer, die Umsatzsteuer ist bei Ablauf des Veranlagungszeitraums eine Steuererklärung abzugeben. Dabei wird das Finanzamt sie zur Abgabe dieser Steuererklärung auffordern. Die Steuerklärung ist vom Vorstand zu unterschreiben.

9.4 Steuerzahlungspflichten

Die Steuern sind vom Verein zu den Fälligkeitsterminen zu entrichten. Werden die Fälligkeitstermine überschritten, kann das Finanzamt einen Sonderzuschlag erheben.

9.5 Vertretung durch den Vorstand

Der Vorstand hat die Stellung eines gesetzlichen Vertreters auch im Steuerrecht. Der Vereinsvorstand muss aus dem Vereinsvermögen in die Pflicht erfüllen, die dem Verein nach den steuerlichen Vorschriften obliegen.

9.6 Lassen Sie sich beraten

Der Vorstand hat die Verpflichtung, sich in steuerlichen Angelegenheiten beraten zu lassen, wenn er sich selbst nicht sicher fühlt. Es gibt dabei auch die Fürsorgepflicht des Finanzamtes gegenüber dem Verein wonach die Finanzverwaltung die Abgabe von Erklärungen unterstützt, Auskunft erteilt oder ähnliche Hilfestellung leistet.

9.7 Gemeinnützigkeit sichern

Wenn der Verein den Status der Gemeinnützigkeit hat, ist es eine wesentliche Aufgabe des Vorstandes, diesen zu sichern. Dazu müssen sie den satzungsgemäßen Vereinszweck erfüllen und diese Erfüllung durch ihre Buchführung und ihren Geschäftsbericht zum Jahresende nachweisen.

Achten Sie darauf, dass die Rücklagenbildung im Verein entsprechend der gesetzlichen Vorschriften vorgenommen wird. Schädlich sind überhöhte Begünstigungen für Mitglieder oder Dritte. Vermieden werden muss auch, dass der wirtschaftliche Geschäftsbetrieb durch den ideellen Bereich subventioniert wird.

10   Mögliche persönliche Haftung

Dass das Vorstandsamt hohe Anforderungen an Ihr Können, Wissen und Ihre Einsatzbereitschaft stellt, zeigen allein die hier aufgeführten Möglichkeiten persönlicher Haftung. Wobei es sich um gesetzliche Regelungen allgemein gültiger Art handelt. Festzustellen ist eben, dass es (bis auf die Beschränkung auf Vorsatz und grobe Fahrlässigkeit § 31a BGB) nur einen geringen besonderen Schutz des Vereinsvorstandes gibt.

10.1   Die mögliche Haftung gegenüber Ihrem Verein

Als gesetzlicher Vertreter handeln Sie als Vereinsvorstand für den Verein. Nach § 31 BGB "ist der Verein für den Schaden verantwortlich, den der Vorstand, ein Mitglied des Vorstands oder ein anderer verfassungsmäßig berufener Vertreter durch eine in Ausführung der ihm zustehende Verrichtung begangene, zum Schadenersatz verpflichtende Handlung einem Dritten zufügt."

Bei einem auf grob fahrlässiger oder vorsätzlicher Pflichtverletzung beruhendem Verschulden des Vorstandsmitgliedes oder des gesamten Vorstands könnte der Verein diese auf Schadensersatz, Unterlassung pflichtwidriger Amtsführung, aber auch auf die Erfüllung seiner Vorstandspflichten verklagen.

10.2   § 31 a BGB

(1) Ein Vorstand, der unentgeltlich tätig ist oder für seine Tätigkeit eine Vergütung erhält, die 720 Euro jährlich nicht übersteigt, haftet dem Verein für einen in Wahrnehmung seiner Vorstandspflich-

ten verursachten Schaden nur bei Vorliegen von Vorsatz oder grober Fahrlässigkeit. Satz 1 gilt auch für die Haftung gegenüber den Mitgliedern des Vereins.

(2) Ist ein Vorstand nach Absatz 1 Satz 1 einem anderen zum Ersatz eines in Wahrnehmung seiner Vorstandspflichten verursachten Schadens verpflichtet, so kann er von dem Verein die Befreiung von der Verbindlichkeit verlangen. Satz 1 gilt nicht, wenn der Schaden vorsätzlich oder grob fahrlässig verursacht wurde.

10.3 Vertretungsmacht beachten

Wenn Sie Ihre Vertretungsmacht überschreiten, zum Beispiel einen Vertrag allein abschließen, für den lt. Satzung die Willenserklärung von zwei Vorstandsmitgliedern erforderlich gewesen wäre, kann eine Eigenhaftung für den Vorstand persönlich eintreten.

10.4 Die mögliche Haftung gegenüber Dritten

Der Vorstand haftet auch im Falle eines verspätet gestellten Konkursantrages den Gläubigern des Vereins persönlich. Noch schlimmer kommt es bei der Nichtabführung von Sozialversicherungsbeiträgen. Dies ist strafbar (betrifft den Vorstand persönlich) und außerdem haftet der Vorstand persönlich für einen eventuellen Schaden.

Auch im Steuerrecht haftet der Vorstand persönlich, soweit aufgrund vorsätzlicher oder grob fahrlässiger Pflichtverletzung Steuern nicht gezahlt werden. Das gilt im besonderen Maße für die Lohn- und die Umsatzsteuer.

„Der ehrenamtliche Vereinsvorstand"
Aufgaben – Risiken – Rechte

11   Vorstandssitzungen

11.1   Vorbereitung und Einberufung

Zu den Aufgaben des ersten Vorsitzenden gehört, die Vorstandssitzungen termin -, frist - und formgerecht einzuberufen. In der Regel
ist in der Satzung eine Mindestanzahl von Vorstandssitzungen
vorgeschrieben.

Achten Sie darauf, dass die nötige Anzahl der Sitzungen stattfindet. Bewährt hat sich, für das gesamte Geschäftsjahr die Sitzungstermine in der ersten Sitzung des Jahres festzulegen. Auch wenn in
der Satzung nichts geregelt ist, müssen Sie alle Vorstandsmitglieder
unter Angabe des Termins und des Versammlungsorts einladen.

Ermöglichen Sie allen Vorstandsmitgliedern eine sachgerechte
Vorbereitung der Vorstandssitzung. Auch wenn Sie die Termin
vorher festgelegt haben, versenden Sie daher drei Tage vor der
Sitzung eine erneute schriftliche Einladung mit der Tagesordnung
und Hinweisen, ob von dem jeweiligen Vorstandsmitglied ein Bei-
trag zu einem Tagesordnungspunkt erwartet wird.

11.2   Durchführung und Beschlussfähigkeit

Eine straffe Durchführung der Sitzung erhöht die Aufmerksam-
keit der Teilnehmer. Keine Sitzung sollte länger als 2 Stunden
dauern. Während der Sitzung können alkoholfreie Getränke bereit-
stehen.

Wenn in der Satzung nicht anders geregelt, ist der Vorstand Beschlussfähig, wenn nur ein Vorstandsmitglied anwesend ist.

Ist eine 50%ige Anwesenheit zur Beschlussfähigkeit erforderlich,
ist von der Mindestzahl lt. Satzung auszugehen: 6 Vorstandsmitglieder lt. Satzung, nur 4 z.Zt. im Amt, Mindestzahl zur Beschlussfähigkeit = 3.

Seite 38

Sie haben als Sitzungsleiter alle Rechte, die einen ordnungsgemäßen Sitzungsverlauf sicherstellen. Sie können den Teilnehmern das Wort erteilen oder (in Ausnahmefällen) auch entziehen. Die Reihenfolge, in der Sie den Teilnehmern das Wort erteilen, können Sie bestimmen.

Dabei sollte man jedoch nicht willkürlich vorgehen, sondern sich nach bestimmten Kriterien richten: In der Reihenfolge der Wortmeldungen, nach Themen geordnet, etc.. Lassen Sie möglichst jeden, der es wünscht, zu Wort kommen. Wortmeldungen zur Geschäftsordnung werden vorrangig behandelt.

Auch eine Vorstandssitzung können Sie vorzeitig abbrechen. Von diesem Recht sollten Sie allerdings nur in Ausnahmesituationen (z.B. ständige bewusste Störungen, sehr schlechte Anwesenheitsquote), Gebrauch machen.

11.3 Rechtswirksamkeit der Beschlüsse

Der Vorsitzende hat die Beschlüsse, die in der Sitzung gefasst werden, auf ihre Rechtswirksamkeit zu prüfen. Ebenso ist zu prüfen, ob sie vielleicht mit anderen Beschlüssen kollidieren. Wichtig: Wenn in der Satzung nichts anderes vorgeschrieben, werden bei einer Abstimmung die Enthaltungen nicht mitgezählt.

11.4 Protokoll und Umsetzungskontrolle

Die Beschlüsse sind schriftlich in einem Protokoll zu dokumentieren. Es hat sich bewährt, das Protokoll in Form eines Ergebnisprotokolls zu führen. (Siehe Ausführungen unter Mitgliederversammlung). Es genügt nicht, nur Beschlüsse zu fassen. Der Vorstand muss auch kontrollieren, ob diese Beschlüsse umgesetzt wurden. Sowohl eine Umsetzung als auch der evtl. Verzicht auf die Umsetzung sollte in einer späteren Sitzung zur Kenntnis genommen und protokolliert werden.

12 Mitgliederversammlung

12.1 Die Aufgaben der Mitgliederversammlung

Die Mitgliederversammlung ist das höchste Organ des Vereins. Ihre Zuständigkeiten ergeben sich aus der Satzung. Satzungsänderungen, die Festsetzung der Mitgliedsbeiträge sowie die Wahl und die Entlastung des Vorstands gehören regelmäßig zu Ihren Aufgaben. Die Mitgliederversammlung versteht sich als das Organ, das für grundsätzliche Entscheidungen zuständig ist.

Die Mitgliederversammlung überwacht den Vorstand in seiner Geschäftsführungsaufgabe.

Sie bedient sich dabei u.a. der Kassenprüfer oder Revisoren.

Die Satzung sieht in der Regel vor, dass für die Einberufung und die Leitung der Mitgliederversammlung der Vorstand oder, konkreter, der 1. Vorsitzende zuständig ist.

Es ist ratsam, vor der Mitgliederversammlung die entsprechenden Passagen der Satzung noch einmal genau zu lesen, um keine formalen Fehler zu begehen.

12.2 Einberufung

Über die Einberufung der Mitgliederversammlung ist, wenn die Satzung nichts anders vorsieht, ein Beschluss des Vorstands erforderlich. Bei der Einladung ist darauf zu achten, dass diese termin-, frist- und formgerecht unter Angabe des Versammlungsortes einberufen wird. Alle zu entscheidenden Punkte sind in der Tagesordnung so aufzuführen, dass die Mitglieder sich aus der Einladung ein Bild über die Themenstellung machen können

Muster - Tagesordnung einer Mitgliederversammlung

	Thema	Zeit in Min.
1	Begrüßung	3
2	Eröffnung der Versammlung	1
3	Feststellung der ordnungsgemäßen Ladung	1
4	Feststellung der Beschlussfähigkeit	1
5	Genehmigung der Tagesordnung	1
6	Feststellung des Protokolls der letzten Sitzung	5
7	Rechenschaftsbericht des Vorstands	25
8	Bericht der Rechnungsprüfer	10
9	Aussprache über die Berichte	10
10	Feststellung des Jahresabschlusses	3
11	Entlastung des Vorstands	2
12	Genehmigung des Haushaltsplans	5
13	Bericht über die Vereinsziele	15
14	Aussprache über die Vereinsziele	10
15	Satzungsgemäß gestellte Anträge (einzeln aufführen)	15
16	Schlusswort des 1. Vorsitzenden	10

12.3 Rechenschaftsbericht

In der Mitgliederversammlung gibt der Vorstand seinen Rechenschaftsbericht. Aus diesem Bericht sollte hervorgehen, dass der Vereinszweck im abgelaufenen Jahr erfüllt wurde. Weiter enthält der Rechenschaftsbericht einen Überblick über die Vermögenslage sowie die Einnahmen und Ausgaben im vergangenen Geschäftsjahr.

Der Rechenschaftsbericht ist zusammen mit dem Bericht der Kassenprüfer die Basis für die Entlastung des Vorstands. Der Vorstand ist daher gut beraten, alle wichtigen Punkte im Rechenschaftsbericht anzusprechen.

Muster

Rechenschaftsbericht des Vorstandes für das Geschäftsjahr

Unser Verein trägt den Namen:

Er wurde im Jahr.... gegründet.

Gemäß §... unserer Satzung ist der Vorstand verpflichtet, mindestens einmal jährlich innerhalb der ersten... Monate eines Jahres eine Mitgliederversammlung einzuberufen. Dem ist er auch in diesem Jahr fristgerecht nachgekommen.

Der Vorstand setzt sich zurzeit wie folgt (unverändert seit der letzten Jahreshauptversammlung) wie folgt zusammen:

Erster Vorsitzender

Zweiter Vorsitzender

Schatzmeister

_____

_____

Die Satzung unseres Vereins verlangt pro Jahr
_____Vorstandssitzungen. Stattgefunden haben____ Sitzungen,
so dass die satzungsmäßige Vorgabe erfüllt wurde (nicht erfüllt
wurde. Begründung:

Zu den Vorstandssitzungen waren durchschnittlich_____
Mitglieder anwesend. Die Beschlussfähigkeit war jeweils gegebenen.

Wichtige Vorstandsbeschlüsse des vergangenen Jahres:

Besondere Vorkommnisse:

Mein Dank gilt den Vorstandskollegen für ihre engagierte Mitarbeit.

Außer dem Vorstand bestehen im Vereine noch weitere Gremien/
Ausschüsse, die mit folgenden Aufgaben betraut waren:

Sämtliche Aufgaben wurden erfolgreich erledigt. Noch offen sind:

Dank an diese Gremien.

Der Mitgliederbestand hat sich im abgelaufenen Jahr wie folgt
entwickelt:

Stand am Jahresbeginn: Eingetreten: Ausgetreten: Verstorben:

Stand zum Jahresende:

Davon sind:

Weibliche Jugendliche bis 18 Jahre: männliche Jugendliche bis 18
Jahre:

Damen: Herren: Ehrenmitglieder:

Besonderheiten in der Mitgliederentwicklung:

Gemäß §_____ unserer Satzung ist der Zweck unseres Vereins:

Er wurde im Wesentlichen erfüllt durch folgende Tätigkeiten:

Trainingsstunden:

Wettkämpfe:

Ausstellungen:

Veranstaltungen:

Unser Ziel für das abgelaufene Jahr wurde damit erreicht. Nicht erreicht weil:

Für das kommende Jahr hat der Vorstand folgende Schwerpunkte gesetzt:

1.   2.   3.

Insbesondere wollen wir erreichen:

1.   2.   3.

Die finanzielle Situation des Vereins ist geordnet. Vermögensteilen von €... stehen Verbindlichkeiten von € gegenüber zu dass sich daraus ein Reinvermögen von € ergibt. Als besondere Positionen sind zu vermerken:

Die Überschussrechnung für das abgelaufene Jahr zeigt folgendes Ergebnis:

Einnahmen €... (darunter Mitgliedsbeiträge €...)

Ausgaben €... so dass sich ein Überschuss von €...

ergibt. (Vorjahr €...) besonders zu erläutern sind die Positionen:

Zusammenfassend ist festzustellen, dass sich unser Verein auch im abgelaufenen Jahr positiv entwickelt hat. Dies ist insbesondere ein Verdienst der vielen ehrenamtlichen Helfer, denen ich an dieser Stelle ganz besonders danken möchte. Besonders hervorheben möchte ich die Verdienste von

Aber auch denjenigen, die durch ihre uneigennützige Spenden zur finanziellen Ausstattung unseres Vereins beigetragen haben, gilt der Dank des Vereins. Ich darf hier nennen:

Unser Dank gilt auch den politisch Verantwortlichen in (Gemeinde, Stadt, Landkreis u.s.w.) (eventuell jetzt Namen nennen) bei denen wir immer viel Verständnis für die Belange unseres Vereins gefunden haben. Und nicht zuletzt möchte ich Ihnen danken, meine Damen und Herren, die sie durch ihr Erscheinen ihr Interesse an unserem Verein bekunden und auch dem Vorstand zeigen, dass sie bereit sind, ihn bei seiner Arbeit zu unterstützen.

12.4 Feststellung Jahresabschluss und Haushaltsplan

Neben der Feststellung des Jahresabschlusses des vergangenen Jahres ist die Genehmigung des Haushaltsplanes für das kommende Jahr ein wichtiges Recht der Mitgliederversammlung. Der Haushaltsplan ist daher rechtzeitig vom Vorstand aufzustellen und der Mitgliederversammlung begründet zur Beschlussfassung vorzulegen.

12.5 Rechtswirksamkeitsprüfung

Es ist Aufgabe des Vorstandes, insbesondere des ersten Vorsitzenden, die Beschlüsse der Mitgliedersammlung auf ihre Rechtswirksamkeit und Übereinstimmung mit der Satzung zu prüfen.

12.6 Protokoll

Die Beschlüsse werden in einem Protokoll schriftlich dokumentiert. Auch hier ist einem Ergebnisprotokoll der Vorzug zu geben.

12.6.1 Die rechtliche Bedeutung des Protokolls

Bei nicht eindeutiger Regelung in der Satzung entscheidet der Protokollführer über die Art des Protokolls.

Ein ordnungsgemäß geführtes Versammlungsprotokoll sollte folgende Angaben enthalten:

* Ort, Tag und Stunde der Versammlung.
* Die Eröffnung durch den Versammlungsleiter mit der Feststellung, dass die Versammlung satzungsgemäß einberufen wurde und beschlussfähig ist.
* Die Zahl der erschienenen stimmberechtigten Mitglieder.
* Die Genehmigung der Tagesordnung.
* Die Berichte des Vereinsvorsitzenden, des Schatzmeisters, der Abteilungsleiter, der Rechnungsprüfer (Diese können auch als Anlage beigefügt werden).
* Die Entlastung des Vorstands.
* Die Texte der zur Abstimmung gelangten Sachanträge.
* Die Art der Abstimmung mit dem genauen Abstimmungsergebnis (Anwesende stimmberechtigte Personen, Ja-Stimmen, Nein-Stimmen, Stimmenthaltungen, ungültige Stimmen).
* Bei Wahlen die Namen der Gewählten
* Die Erklärung, dass sie die Wahl annehmen.

12.6.2 Verantwortung für den Inhalt

Die Verantwortung für den Inhalt des Protokolls hat in erster Linie der Versammlungsleiter, der auch zusammen mit dem Protokollführer das Protokoll einschließlich der Anlagen unterschreibt. Eventuell verlangt die Satzung die Unterschrift weiterer Personen. Das Protokoll ist eine Privaturkunde und begründet, sofern unterschrieben, den Beweis dafür, dass die darin enthaltenen Erklärungen von den Ausstellern abgegeben sind (siehe hierzu § 416 ZPO).

12.6.3 Gültigkeit

Das Protokoll muss, um gültig zu sein, nicht von der Mitgliederversammlung genehmigt werden. Es sei denn, die Vereinssatzung sieht dies ausdrücklich vor. Das Verlesen hat dann spätestens in der nächsten Mitgliederversammlung zu geschehen.

Auch eine andere Möglichkeit der Kenntnisnahme – z.B. Auslage vor der Sitzung ist möglich. Eine Änderung des Protokolls ist nur mit Zustimmung aller Unterzeichner möglich. Es ist ein besonderer Vermerk über die Änderung anzubringen und entsprechend zu unterschreiben. Mitglieder, die Fehler im Protokoll behaupten, müssen diese auch beweisen. Erst mit Feststellung beginnen die Fristen zur Anfechtung von Versammlungsbeschlüssen.

12.6.4 Einsichtsrecht

Einsicht in das Protokoll haben Vereinsmitglieder jedenfalls dann, wenn sie ein berechtigtes Interesse nachweisen. Es sei denn, die Satzung schreibt vor, jedem Mitglied vom Protokoll Kenntnis zu geben.

Das Versammlungsprotokoll bildet für den Verein, seine Organe und Mitglieder eine gesicherte Grundlage der Vereinsarbeit. Das ordnungsgemäß geführte und unterschriebene Protokoll hat Beweiswert.

12.7 Umsetzung der Beschlüsse

Der Vorstand ist verpflichtet, die Umsetzung der Beschlüsse sicherzustellen, auch wenn sie seiner eigenen Meinung zuwiderlaufen. Sollte eine Umsetzung aus den verschiedensten Gründen nicht möglich sei, ist darüber in der nächsten Mitgliederversammlung zu berichten.

Dabei kann eine einfache Tabelle die Kontrolle erleichtern:

• Beschluss vom:
• Verantwortlich für die Umsetzung:
• Zu erledigen bis zum:
• Erledigt am:
• In der Mitgliederversammlung die Erledigung bekannt gegeben am:

13 Führungsaufgaben

13.1 Die Richtung angeben

Wie wir eingangs gehört haben, erwarten die Mitglieder und die Öffentlichkeit vom Vorstand eines Vereins neben der ordnungsgemäßen Verwaltung auch die zukunftsorientierte Führung des Vereins. Führen heißt: Die Richtung angeben. Wichtig ist dabei, dass die Mitgliedern und die Öffentlichkeit wissen, was Ihr Verein leisten kann und was er leisten will.

13.2 Verständliche Satzung

Dazu benötigen Sie zunächst einmal eine verständliche Satzung, die in ihrer Ausgestaltung den tatsächlichen Gegebenheiten entspricht. Erfahrungen zeigen, dass alle 5 bis 10 Jahre die Überarbeitung der Satzung erfolgen sollte.

13.3 Vereinsgrundsätze

Bewährt haben sich Vereinsgrundsätze als Rahmen für ihre Vereinsarbeit. In den Vereinsumsätzen können Sie außerhalb der Satzung einen Rahmen für ihre Vereinsarbeit schaffen.

Mögliche Inhalte:

- Tätigkeitsbereich des Vereins
  - o Räumlich
  - o Sachlich
- Erforderliche Leistungen zur Erfüllung des Vereinszwecks
  - o Personell
  - o Materiell
  - o Ideell
- Wirtschaftliche Grundsätze
  - o Grundsätze der Haushaltsführung
  - o Grundsätze der Beitragsordnung
  - o Grundsätze über Kredite und Rücklagen
  - o Finanzielle Belastung der Mitglieder
- Visuelles Erscheinungsbild
  - o Vereinsfarben
  - o Logo

Die Vereinsgrundsätze sollten in der Mitgliederversammlung beschlossen werden. Ein Hinweis in der Satzung auf die Vereinsgrundsätze verstärkt ihre Wirkung.

13.4 Vereinsziele

Aus ihrer Analyse des Vereins und ihrer Visionen über die Zukunft des Vereins entwickeln Sie im Vorstand die Ziele des Vereins für die nächsten Jahre. Die Vereinsziele sollten realistisch, konkret und für alle Mitglieder verständlich formuliert werden. Veröffentlichen Sie diese Ziele, um alle Mitgliedern zu motivieren.

Mögliche Ziele:

* Leistungsziele
* Materielle Ziele
* Soziale Ziele
* Ziele im Imagebereich

Maximal sollten Sie sich fünf Ziele setzen, die dann allerdings auch noch in eine Rangfolge eingestuft werden sollten.

13.5 Planungen

Mit der Festlegung der Ziele erreichen sie, wenn diese von den Mitgliedern akzeptiert werden, eine hohe Motivation. Sie müssen jetzt nur noch erarbeiten, wie diese Ziele erreicht werden sollen. Dies geschieht in einem Planungsprozess. In diesem werden die Zeitschiene sowie die zu verwendenden Ressourcen festgelegt.

So werden Vereinsfeste geplant ebenso wie der Spielbetrieb eines Turniers. Halten Sie Ihre Planungen fest, um sie später erneut verwenden zu können und um Planungsfehler beim nächsten Mal nicht zu wiederholen.

13.6 Kontrollen

Wie schon oben festgestellt, ist der Vorstand verpflichtet, von ihm oder der Mitgliederversammlung gefasste Beschlüsse umzusetzen. Dazu und für den laufenden Vereinsbetrieb ist ein Mindestmaß an Kontrollen unerlässlich.

Beim Aufbau eines Kontrollsystems legen Sie fest:

* Was soll kontrolliert werden?
* Wann soll kontrolliert werden
* Wer kontrolliert
* Wie soll kontrolliert werden.

Ein Beispiel: Sie wollen sichergehen, dass die Vereinszeitung auch wirklich an alle Haushalte verteilt wird. Der Vorstand legt fest, dass jeweils eine Woche nach Erscheinen der nächsten 3 Ausgaben der Pressewart durch telefonischen Anruf in nach dem Zufallsprinzip ausgewählten 25 Haushalten nachfragt, ob die Zeitung dort ausgeliefert wurde. Darüber ist in der folgenden Vorstandssitzung zu berichten. (Natürlich werden die entstandenen Kosten dem Vorstandskollegen vergütet und ebenso selbstverständlich muss er zu dieser Arbeitsbelastung bereit sein.)

14 Die Rechte des Vorstandes

Die Rechte des Vorstandes ergeben sich aus dem, was der Verein durch die Mitgliederversammlung dem Vorstand in der Satzung oder durch Beschlüsse an Kompetenzen und Vollmachten gibt. Da dies in vielen Vereinen nicht eindeutig geregelt ist, sollte ein neu gewählter Vorstand hier zunächst für Klarheit sorgen.

Außer der nur einschränkbaren Vertretungsmacht kann die Mitgliederversammlung sich fast alle Entscheidungsbefugnisse vorbehalten.

14.1 Vertretungsmacht des Vorstandes gemäß § 26 BGB

Die vom Vorstand ausgeübte Vertretungsmacht nach §26 BGB ist grundsätzlich unbeschränkt. Er ist damit zuständig für alle Rechtsgeschäfte und Handlungen, die für den Verein notwendig sind.

Die Vertretungsmacht des Vereinsvorstands kann mit Wirkung gegen Dritte dann beschränkt werden, wenn diese Einschränkung in der Satzung festgelegt wurde, zum Beispiel: Der Vorstand bedarf zur Aufnahme eines Kredites der Zustimmung der Mitgliederversammlung. Weiter ist erforderlich, dass diese Beschränkung, also die aktuelle Satzung, im Vereinsregister eingetragen ist.

14.2 Vertretung des Vereins gegenüber den Mitgliedern

Auch gegenüber den Mitgliedern ist der Vorstand der Ansprech-partner, wenn es um Vereinsangelegenheiten geht. Der Vorstand ist „Dienstvorgesetzter" der Übungsleiter und aller sonstigen – auch ehrenamtlichen Mitarbeiter des Vereins und übt das Hausrecht aus. Es hat sich bewährt, die Weisungsrechte des Vorstandes auch in der Satzung zu verankern.

14.3 Die Rechte aus Geschäftsführungsaufgaben

Innerhalb der ihm von der Mitgliederversammlung eingeräumten Kompetenzen führt der Vorstand den Verein eigenverantwortlich. Wenn in der Satzung dazu nichts vermerkt ist, ist zunächst für alle Entscheidungen die Mitgliederversammlung zuständig. Üblicher-weise wird in der Mitgliederversammlung ein Haushaltsplan verab-schiedet, in dessen Rahmen der Vorstand agieren kann. Nicht vom Haushaltsplan gedeckte Anschaffungen sind weiterhin von der Mitgliederversammlung zu beschließen.

14.4 Weitere Rechte des Vorstands

Weitere Rechte des Vorstandes ergeben sich aus der Notwendig-keit, seine Pflichten zu erfüllen. Dazu gehören die Buchführungs-pflicht und die Mitgliederverwaltung. Auch ohne entsprechenden Beschluss der Mitgliederversammlung kann der Vorstand die not-wendigen Sachmittel beschaffen, ohne die er diese Aufgabe nicht oder nur mit unzumutbaren Aufwand erfüllen kann.

Auch in den Fällen, in denen er gesetzliche Verpflichtungen des Vereins erfüllt (Steuerpflicht, Sozialversicherungspflicht, Anmeldung der Insolvenz) ist er nicht auf einem Beschluss der Mitgliederver-sammlung angewiesen. Bei Nichtbeachtung dieser Pflichten würde er persönlich in die Haftung kommen.

Der Vorstand hat die Pflicht zur Einberufung der Mitgliederversammlung in folgenden Fällen

- Mitgliederversammlungen gemäß Satzung
- Mitgliederversammlungen in Angelegenheiten von besonderer Bedeutung für den Verein
- Mitgliederversammlung auf Grund eines Minderheitenverlangens

Kommt der Vorstand seiner Pflicht zur Einberufung der Mitgliederversammlung nicht nach, kann diese mit Hilfe des Registergerichts im Verfahren der freiwilligen Gerichtsbarkeit durchgesetzt werden.

Aus dieser Pflicht zur Einberufung der Mitgliederversammlung ergibt sich auch das Recht des Vorstands zur Einberufung einer Mitgliederversammlung.

14.5 Die Leitung der Mitgliederversammlung

Wenn in der Satzung nicht anders geregelt, ist der Vorstand zuständig für die Leitung der Mitgliederversammlung. Besteht der Vorstand aus mehreren Personen, fällt dieses Amt zunächst auf den ersten Vorsitzenden, bei dessen Verhinderung auf den zweiten Vorsitzenden. Der Vorstand kann intern auch eine andere Regelung treffen.

Das Amt des Versammlungsleiters ist deshalb so wichtig, weil dieser mit Beginn der Versammlung auch die Ordnungsmacht innehat. In dieser Eigenschaft erteilt der Versammlungsleiter das Wort und kann es auch wieder entziehen. Er kann eine Redezeit festlegen und sogar, bei Störungen oder aus sonstigen Gründen, Versammlungsteilnehmer aus dem Versammlungsraum verweisen.

Wenn er es vorher ankündigt und die Versammlung dem nicht widerspricht, kann er Tonband und Videoaufnahmen zulassen. Zu seinen Pflichten und damit auch Rechten gehört auch die Überwachung der Protokollführung. Nach einer Abstimmung verkündet der

Versammlungsleiter das Ergebnis der Beschlussfassung. Sein Amt endet mit der von ihm ausgesprochenen förmlichen Schließung der Versammlung. Die Leitungs- und Ordnungsmaßnahmen des Versammlungsleiters können nicht gerichtlich angefochten werden.

14.6 Recht auf Rücktritt

Und letztlich kann niemand das Recht des Vorstands auf Rücktritt von seinem Amt nehmen. Er kann sogar zur Unzeit zurücktreten, riskiert dann jedoch Schadenersatzansprüche des Vereins, wenn durch eben diesen Rücktritt dem Verein Schaden entstanden ist.

14.7 Aufwandsersatz für Vorstände

Der Arbeitsaufwand eines Vorstandes ist häufig von dem eines Hauptamtes kaum noch zu unterscheiden. Trotzdem ist es nicht möglich, allein hieraus einen Anspruch auf Entschädigung durch den Verein abzuleiten. Die Satzung kann jedoch eine angemessene Vergütung für die Tätigkeit als Vorstandsmitglied festlegen. Diese Vergütung ist regelmäßig zu versteuern.

Pauschale Aufwandsentschädigungen gelten mit Ausnahme der sog. Übungsleiterpauschale als Vergütung. Sie müssen durch die in Satzung gedeckt sein und sich in einem üblichen Rahmen halten.

14.8 Aufwendungsersatz

Dagegen kann der Vorstand verlangen, dass eigene Vermögens-
mittel die er aufgewendet hat um die Amtsführung zu ermöglichen,
ihm erstattet werden.

Dies sind alle Vermögensopfer mit Ausnahme der eigenen Arbeitszeit und Arbeitskraft, die der Vorstand zwecks Ausführung
seines satzungsmäßigen Auftrages

* freiwillig,
* auf Anweisung der hierzu befugten Vereinsorgane
* oder als notwendige Folge der Auftragsausführung

erbringt.

Dies sind insbesondere die Auslagen für

* Reisekosten,
* Telefon,
* Porto und
* Büromaterialien.

Diese Auslagen müssen

* tatsächlich angefallen seien,
* für die Führung des Amtes erforderlichen sein und
* sich in einem angemessenen Rahmen halten.

Der Vorstand muss Auslagen nicht aus eigenen Mitteln vorschie-
ßen sondern hat einen Anspruch auf Zahlung eines Vorschusses
durch den Verein.

14.9 Ehrenamtspauschale

Mit dem »Gesetz zur weiteren Stärkung des bürgerschaftlichen
Engagements« wurde ein Freibetrag für alle ehrenamtlichen Tätigkeiten eingeführt, eine steuerfreie (pauschale) Aufwandsentschädigung
bis zur Höhe von z.Zt. 720 € im Jahr eingeführt (§ 3 Nr. 26a EstG).

Für die steuerliche Bewertung und Behandlung gelten die gleichen Regelungen wie für den Übungsleiterfreibetrag, allerdings gibt es hier keine Beschränkung auf bestimmte Tätigkeitsfelder.

Um den Freibetrag in Anspruch nehmen zu können, darf zum einen die Tätigkeit nur nebenberuflich, also mit nicht mehr als einem Drittel der üblichen Arbeitszeit ausgeübt werden und nicht der hauptberuflichen Tätigkeit entsprechen. Zum anderen muss der Auftraggeber eine öffentliche Körperschaft, eine religiöse oder gemeinnützige Organisation sein. Der Ehrenamtsfreibetrag in Höhe von 720 € kann nur in Anspruch genommen werden, wenn tatsächlich Geld fließt, d. h. ausbezahlt wird. Die Ehrenamtspauschale darf nicht neben der Übungsleiterpauschale gezahlt werden, es sei denn, eine Tätigkeit als Übungsleiter wird zusätzlich ausgeübt.

15 Vorstandsmitglieder als Arbeitnehmer des Vereins

15.1 Argumente

Zumindest in den Vereinen, in denen der Vorstand bisher ausschließlich ohne jede Bezahlung seiner Tätigkeit gearbeitet hat, kann es schwierig sein, die Mitglieder zu motivieren, einer Bezahlung zuzustimmen. Wir halten eine ausschließlich ehrenamtliche Tätigkeit nicht mehr zumutbar, wenn mind. zwei der folgenden Kriterien erfüllt sind:

Die Verantwortung ist aufgrund der Vereinsstruktur mit der eines GmbH Geschäftsführers vergleichbar.

Die Tätigkeit als Vereinsvorstand ist sehr in der Öffentlichkeit präsent und wird von Dritten als Hauptberuf wahrgenommen.

Die Arbeitszeit für den Verein übersteigt 8 Stunden im Monat.

15.2 Satzungsformulierung für Vorstandsvergütung

Ein gemeinnützige Zwecke verfolgender Verein verstößt gegen die Abgabenordnung, wenn er seinem Mitglied und Vorsitzenden seines Vorstandes für die Vorstandstätigkeit eine Vergütung zahlt, obwohl der Vorstand nach der Vereinssatzung ehrenamtlich i.S. von unentgeltlich tätig ist. - Urteil des Bundesfinanzhof vom 8.8.2001, I B 40/01 (NV), BFH/NV 2001 S. 1536 –

In der Begründung wird weiter ausgeführt, dass eine Satzungsänderung die Zahlungen zugelassen hätte:

"Vorstand und Beisitzer arbeiten ehrenamtlich. Dem steht nicht entgegen, dass die Mitgliederversammlung beschließen kann, dem Vorsitzenden für die aufgewendete Arbeitszeit eine angemessene Vergütung zu bezahlen."

„A war demnach verpflichtet, seine Tätigkeit als 1. Vorsitzender ehrenamtlich und damit unentgeltlich auszuüben. Frühestens ab der Satzungsänderung vom 8.7.1995 gestattete es die Satzung, ihm eine Vergütung für seine Vorstandstätigkeit zu zahlen, allerdings nur aufgrund eines entsprechenden auch die Höhe der Vergütung festlegenden Beschlusses der Mitgliederversammlung."

Anmerkung: Eine solche oder ihren Absichten entsprechende Formulierung muss zwingend in die Satzung, wenn Vergütungen an Vorstände gezahlt werden sollen. Stimmen Sie die Formulierung mit ihrem Steuerberater und/oder dem zuständigen Finanzamt sowie dem Rechtspfleger des zuständigen Amtsgerichts ab.

15.3 Angemessene Bezahlung

Apotheker-Urteil

Soll der Vorstand eines Vereins eine Vergütung seiner Tätigkeit erhalten, muss bei einem gemeinnützigen Vereinen das sog. Apotheker-Urteil des BGH beachtet werden:

Die Vergütung, die an den Vorstand zur Abgeltung seiner Arbeitsleistung gezahlt wird, muss

- dem Arbeitsaufwand gerecht werden,

- mit der damit verbundenen Verantwortung im Einklang stehen und

- der Höhe nach "üblich", d. h. vergleichbar mit Dritten sein.

Diese drei Kriterien in die Beurteilung der Angemessenheit einzubeziehen. Bei der Frage der Üblichkeit ist dabei auf vergleichbare Tätigkeiten der "Branche" abzustellen. Dabei kann durchaus mit dem Geschäftsführer z.B. einer karitativen Organisation gleichen Umfangs und gleicher Verantwortung verglichen werden.

Arbeitsaufwand

Der Nachweis eines entsprechenden Arbeitsaufwandes sollte zum einen durch Stellenbeschreibungen und zum anderen durch einen schriftlichen Arbeitsnachweis erfolgen.

Verantwortung

Die Verantwortung ergibt sich aus der Zahl der Vereinsmitglieder, dem zu verwaltenden Vermögen des Vereins sowie seiner Umsätze und nicht zuletzt aus dem Vereinszweck. Die Verantwortung für den Trägerverein eines Kindergartens ist sicher höher als die für einen Gesangverein.

Angemessen

Hier wäre auf eine vergleichbare Tätigkeit abzustellen. So wurden nach dem Tarifvertrag für den öffentlichen Dienst (West) an Mitarbeiter von Kommunen ca. folgende Stundensätze gezahlt: (Es handelt sich um überschlägig errechnete Stundensätze bei Einstellung, die von Bundesland zu Bundesland variieren können. Sonderzahlungen wurden nicht berücksichtigt)

Voraussetzung:	Stundensätze
Für Angelernte	32 € bis 40 €
Mindestens dreijährige Ausbildung	42 € bis 48 €
Fachhochschulstudium/Bachelor	51 € bis 63 €
Hochschulstudium/Master	70 € bis 84 €

Welche Anforderungen an den Vorstand eines Vereins gestellt werden, hängt wiederum von den zu bewältigenden Aufgaben ab. Die obigen Werte können nur Anhaltspunkte sein. Ein Kriterium kann sein, dass ein ordentlicher und gewissenhafter Vereinsvorstand bereit wäre, einem Nichtmitglied unter im Übrigen gleichen Umständen eine (gleiche) Vergütung für die Amtsausübung zu zahlen. BFH vom 8.8.2001, I B 40/01 (NV), BFH/NV 2001 S. 1536.

15.4 Mitgliederversammlung

Ob Vorstandsmitglieder des Vereins ihre Arbeit als bezahlte Mitarbeiter leisten können ist vereinsrechtlich davon abhängig, dass die Satzung dies in einer entsprechenden Formulierung so vorsieht und die Mitgliederversammlung einen entsprechenden Beschluss fasst.

15.5 Kein Arbeitnehmer

Dabei ist möglich, dass den Vorständen z.b. eine versteuerte Aufwandsentschädigung gezahlt wird. Als Arbeitnehmer gilt der Vorstand dann nicht, da er kraft Gesetzes, Satzung oder Gesellschaftsvertrag allein oder als Mitglieder des Vertretungsorgans (Vorstand nach § 26 BGB) zur Vertretung der juristischen Person berufen ist. Arbeitsrechtlich ist dann darauf hinzuweisen, dass die Mitglieder des Vorstands keine Arbeitnehmer sind und daher auch keine Zuständigkeit der Arbeitsgerichte gegeben ist.

15.6 Fast Arbeitnehmer mit Dienstvertrag

Es kann jedoch in einem Anstellungsvertrag eine anderweitige Regelung getroffen werden, die den Vorstand arbeitsrechtlich zu einem Arbeitnehmer des Vereins machen. Grundlage für eine bezahlte Vorstandstätigkeit ist das Dienstvertragsrecht nach den §§ 611 ff. BGB.

Maßgebend ist jedoch, was zwischen den Parteien im Vertrag geregelt wird. So besteht durchaus die Möglichkeit, Elemente eines typischen Arbeitsvertrages auch in einen Dienstvertrag mit dem Vorstand aufzunehmen. Die Regelungen des Dienstvertragsrechts schützen den Vorstand in seiner Position nicht so stark wie einen Arbeitnehmer. Dies zeigt sich u. a. beim Kündigungsschutz, bei der Lohnfortzahlung im Krankheitsfall, beim Urlaubsanspruch. Aber auch dies kann in einem Arbeitsvertrag geregelt werden. So kann es durchaus möglich sein, dass einem ehemaligen Vorstand noch Bezüge gezahlt werden müssen, auch wenn er von der Mitgliederversammlung abgewählt wurde. Dies Beispiel zeigt schon, dass sich Verein und Vorstand vor einer solchen Regelung arbeitsrechtlich beraten lassen sollten.

15.7 Haftung und Dienstvertrag

Nach der Rechtsprechung des BGH gelten die Grundsätze für eine Haftungsbeschränkung bei der Ausübung einer "gefahrgeneigten Tätigkeit" eines Vorstands nicht, es sei denn, der Vorstand übt diese Tätigkeiten im Rahmen eines Dienstvertrages und damit arbeitnehmerähnlich aus.

16 Aufbauorganisation

16.1 Gremien

Zur Aufbauorganisation gehören die Festlegung der Anzahl und der Aufbau der Organe (siehe Satzung) sowie der sonstigen Gremien. Festzuhalten ist auch die hierarchische Einordnung. Dies geschieht am einfachsten mit einem so genannten Organigramm:

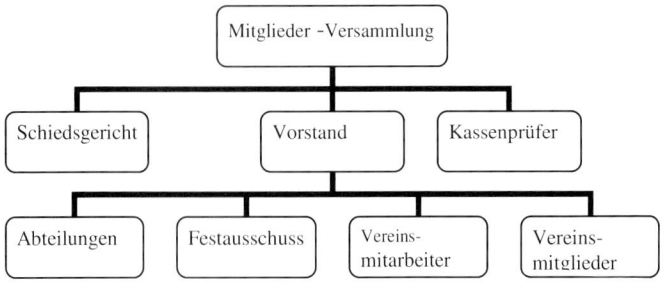

Das Organigramm wird wie folgt gelesen:

Das höchste Organ ist die Mitgliedversammlung. Ihr gleichberechtigt unterstellt sind das Schiedsgericht, der Vorstand, die Kassenprüfer. Dem Vorstand wiederum unterstellt sind die Abteilungen des Vereins, z. B., ein Festausschuss, alle Vereinsmitarbeiter und die Vereinsmitglieder.

16.2 Geschäftsverteilungsplan

In einem Geschäftsverteilungsplan sollten die vom Vorstand zu erledigenden Aufgaben einzelnen Vorstandsmitgliedern zugeordnet werden. Mit Aufnahme in die Satzung kann daraus auch eine Ressortverantwortlichkeit werden. Erfolgt eine Geschäftsverteilung nicht, ist immer und für alle Angelegenheiten der gesamte Vorstand zuständig und nicht etwa der 1. Vorsitzende.

16.3 Kompetenzen und Vollmachten

Festzulegen sind auch die Kompetenzen (Geschäftsführungsbefugnisse nach innen) und die Vollmachten (Vertretungsbefugnisse nach außen) sowie die Kommunikations-Beziehungen zwischen den Vorstandsmitgliedern aber insbesondere auch zwischen evtl. vorhandenen Abteilungen eines Vereins.

Muster einer tabellarischen Übersicht für Kompetenzen			
Funktion/Amt	Vorgang	Kompetenz	Rahmen/Etat
Betreuer Jugendmannschaft	Kauf von Trainingsbällen	€ 100,-- pro Ball	Max. € 500,-- pro Jahr
Pressewart	Kauf von Fotomaterialien, Entwicklung von Filmen etc.	Bis € 100,-- im Einzelfall	Max. € 1000,-- pro Jahr
Jugendwart	Getränke und Speisen bei Veranstaltungen für die Vereinsjugend	Bis € 10,-- pro jugendlichem Teilnehmer und Tag	Max € 2000,-- im Jahr

16.4 Muster - Geschäftsanweisung Kompetenzen

Kompetenzen sind Geschäftsführungsbefugnisse des Vorstands gemäß §..... der Vereinssatzung, die dieser gemäß § ..... der Vereinssatzung auf einzelne seiner Mitglieder oder auf Dritte ausdrücklich überträgt.

Für die sich aus der Ausübung eines Ehrenamtes im normalen Vereinsbetrieb üblicherweise ergebenden Tätigkeiten und Anordnungen sind Kompetenzen nicht erforderlich.

Kompetenzen dienen der sinnvollen Gestaltung und rationellen Durchführung des Vereinsbetriebes. Sie dürfen nicht willkürlich ausgeübt werden.

Kompetenzen werden im Einzelfall eingeschränkt durch gesetzliche oder satzungsmäßige Regelungen, Vereinsordnungen oder Beschlüsse der Mitgliederversammlung oder des Vorstands sowie die finanziellen und organisatorischen Rahmenbedingungen des Vereins.

Einer Stelle zugeordnete Kompetenzen gehen mit der Annahme eines Ehrenamtes automatisch auf den Amtsinhaber über, es sei denn, das zuständige Gremium entscheidet anders.

Die Kompetenzen dürfen vom Amtsinhaber nur im eigenen Zuständigkeitsbereich ausgeübt werden.
Soweit eine Regelung für den Vertretungsfall vorgesehen ist, darf die Vertretungskompetenz nur ausgeübt werden, wenn der zu Vertretende abwesend ist und die Entscheidung keinen Aufschub duldet.
Bei Befangenheit, insbesondere in eigenen Angelegenheiten, dürfen die Kompetenzen nicht ausgeübt werden.

16.5 Stellenbeschreibung 1. Vorsitzender (Muster)

Bezeichnung der Stelle	1. Vorsitzender
Vorgesetzte Stelle - Fachlich	Erweiterter Vorstand
Vorgesetzte Stelle - Persönlich	Mitgliederversammlung
Nachgeordnete Stellen	Pressewart
Allgemeine Weisungsrechte	Gegenüber allen Mitgliedern auf Einhaltung der satzungsrechtlichen Vorschriften, Gegenüber den Vorstandsmitgliedern, dem Vorstand und der Mitgliederversammlung auf Einhaltung des rechtlichen und satzungsmäßigen Rahmens bei Beschlussvorlagen
Spezielle Weisungsrechte	Als Sitzungsleiter der Vorstandssitzungen und der Mitgliederversammlung, Ausübung des Hausrechts,
Wird vertreten durch	2. Vorsitzenden
Ist Vertreter von	2. Vorsitzenden
Geschäftsführungsaufgaben	Einladung zu Sitzungen, Vorbereitung der Tagesordnung, Protokoll, Überwachung der Umsetzung von Beschlüssen, Pflege der Vereinssatzung. Überwachung und Pflege der Vereinsgrundsätze, Erarbeitung von Konzepten zur Aufbau- und Ablauforganisation des Vereins
Mitglied der Gremien	Vorstand nach § 26 BGB, Erweiterter Vorstand
Allgemeine Vollmachten	Vertretung des Vereins nach § 26 BGB zusammen mit einem weiteren Vorstandsmitglied
Kontovollmachten	Girokonto Nr.111 bei der Sparkasse, Girokonto Nr. 222 bei der Volksbank
Sonstige Vollmachten	Postschließfach
Kompetenzen	€ 500,-- Verwaltungskosten jährlich
Schlüssel in Verwahrung	Geschäftsstelle
Berichtet an	Erweiterter Vorstand
Erhält Protokolle von	Mitgliederversammlung, Vorstandssitzung, Abteilungsvorstandsitzungen
Verbandsgremien	Keine
Aufwandsentschädigung	Gegen Nachweis

16.6 Stellenbeschreibung 2. Vorsitzender (Muster)

Bezeichnung der Stelle	2. Vorsitzender
Vorgesetzte Stelle - Fachlich	Erweiterter Vorstand
Vorgesetzte Stelle - Persönlich	Mitgliederversammlung
Nachgeordnete Stellen	Jugendwart/in
Allgemeine Weisungsrechte	Gegenüber allen Mitgliedern auf Einhaltung der satzungsrechtlichen Vorschriften
Spezielle Weisungsrechte	Ausübung des Hausrechts
Wird vertreten durch	1. Vorsitzenden
Ist Vertreter von	1. Vorsitzenden
Geschäftsführungsaufgaben	Betreuung von Sponsoren und Förderern. Durchführung von Aktionen, Aus- und Fortbildung der Übungsleiter. Sicherstellung der Anwendung aktueller Trainingsmethoden, Aus- und Fortbildung der ehrenamtlich tätigen Mitglieder (ohne Übungsleiter). Sicherstellung aktueller Kenntnisse in Vereinsführung, Recht und Steuern.
Mitglied der Gremien	Vorstand nach § 26 BGB, Erweiterter Vorstand,
Allgemeine Vollmachten	Vertretung des Vereins nach § 26 BGB zusammen mit einem weiteren Vorstandsmitglied
Kontovollmachten	Girokonto Nr.111 bei der Sparkasse, Girokonto Nr. 222 bei der Volksbank
Sonstige Vollmachten	Postschließfach
Kompetenzen	Euro 500,-- Verwaltungskosten jährlich
Schlüssel in Verwahrung	Geschäftsstelle
Berichtet an	Erweiterter Vorstand
Erhält Protokolle von	Mitgliederversammlung, Vorstandssitzung, Abteilungsvorstandsitzungen
Verbandsgremien	Keine
Aufwandsentschädigung	Gegen Nachweis

16.7 Stellenbeschreibung Schatzmeister (Muster)

Bezeichnung der Stelle	Schatzmeister
Vorgesetzte Stelle - Fachlich	Erweiterter Vorstand
Vorgesetzte Stelle - Persönlich	Mitgliederversammlung
Nachgeordnete Stellen	
Allgemeine Weisungsrechte	Gegenüber allen Mitgliedern auf Einhaltung der satzungsrechtlichen Vorschriften
Spezielle Weisungsrechte	Ausübung des Hausrechts, Alle Mitglieder in finanz- und steuerrechtlichen Vereinsangelegenheiten
Wird vertreten durch	Mitgliederwart/in
Ist Vertreter von	Mitgliederwart/in
Geschäftsführungsaufgaben	Durchführung der Finanzbuchführung des Vereins incl. Jahresabschluss und Statistiken. Zahlung von Übungsleiterentschädigungen, Reisekosten etc. Sicherstellung der Beachtung steuerlicher Vorschriften in allen Bereichen des Vereins, Überprüfung und Aktualisierung der Versicherungen des Vereins, Aufnahme und Sicherstellung der mobilen und immobilen Vermögenswerte des Vereins. Durchführung der Inventur zur Erstellung des Jahresabschlusses
Mitglied der Gremien	Vorstand nach § 26 BGB, Erweiterter Vorstand,
Allgemeine Vollmachten	Vertretung des Vereins nach § 26 BGB zusammen mit einem weiteren Vorstandsmitglied
Kontovollmachten	Girokonto Nr.111 bei der Sparkasse, Girokonto Nr. 222 bei der Volksbank
Sonstige Vollmachten	Postschließfach
Kompetenzen	Euro 500,-- Verwaltungskosten jährlich
Schlüssel in Verwahrung	Geschäftsstelle
Berichtet an	Erweiterter Vorstand
Erhält Protokolle von	Mitgliederversammlung, Vorstandssitzung, Abteilungsvorstandsitzungen
Verbandsgremien	keine
Aufwandsentschädigung	Gegen Nachweis

16.8   Stellenbeschreibung Geschäftsführer (Muster)

Bezeichnung der Stelle	Geschäftsführerin
Vorgesetzte Stelle - Fachlich	Erweiterter Vorstand
Vorgesetzte Stelle - Persönlich	Mitgliederversammlung
Nachgeordnete Stellen	Mitarbeiterin der Geschäftsstelle
Allgemeine Weisungsrechte	Gegenüber allen Mitgliedern auf Einhaltung der satzungsrechtlichen Vorschriften
Spezielle Weisungsrechte	Ausübung des Hausrechts, alle Vereinsmitglieder in Sachen allgemeiner Vereinsverwaltung und Mitgliederverwaltung
Wird vertreten durch	Schatzmeister
Ist Vertreter von	Schatzmeister
Geschäftsführungsaufgaben	Durchführung von Maßnahmen und Veranstaltungen zur Verbesserung der Anbindung der Mitglieder an den Verein, Überwachung der Durchführung von Ehrungen im Rahmen der Ehrungsordnung, Ansprechpartner für neue Mitglieder. Einbinden neuer Mitglieder z.B. durch Veranstaltung von Info-Abenden, Verwaltung des Mitgliederbestandes. Beitragswesen. Bericht über den Mitgliederstand und dessen Entwicklung.
Mitglied der Gremien	Vorstand nach § 26 BGB, Erweiterter Vorstand,
Allgemeine Vollmachten	Vertretung des Vereins nach § 26 BGB zusammen mit einem weiteren Vorstandsmitglied
Kontovollmachten	Girokonto Nr.111 bei der Sparkasse, Girokonto Nr. 222 bei der Volksbank
Sonstige Vollmachten	Postschließfach
Kompetenzen	Euro 500,-- Verwaltungskosten jährlich
Schlüssel in Verwahrung	Geschäftsstelle
Berichtet an	Gesamtvorstand
Erhält Protokolle von	Mitgliederversammlung, Vorstandssitzung,, Abteilungsvorstandsitzungen
Verbandsgremien	keine
Aufwandsentschädigung	keine

16.9   Stellenbeschreibung Jugendwart (Muster)

Bezeichnung der Stelle	Jugendwart
Vorgesetzte Stelle - Fachlich	Erweiterter Vorstand
Vorgesetzte Stelle - Persönlich	Mitgliederversammlung
Nachgeordnete Stellen	Jugendwarte der Abteilungen
Allgemeine Weisungsrechte	Alle jugendlichen Vereinsmitglieder
Spezielle Weisungsrechte	Ausübung des Hausrechts, Alle Vereinsmitglieder in Sachen Jugendarbeit,
Wird vertreten durch	Pressewart
Ist Vertreter von	Pressewart
Geschäftsführungsaufgaben	Sicherstellung einer angemessenen Jugendarbeit in allen Abteilungen, Abteilungsübergreifender Ansprechpartner für jugendliche Vereinsmitglieder, Abteilungsübergreifender Ansprechpartner für die Erziehungsberechtigten jugendlicher Vereinsmitglieder. Durchführung mindestens einer Jugendveranstaltung im Jahr sowie einer Weihnachtsfeier für Jugendliche
Mitglied der Gremien	Erweiterter Vorstand, Jugendvorstand
Allgemeine Vollmachten	Vertretung des Vereins gegenüber Jugendlichen Vereinsmitgliedern
Kontovollmachten	
Sonstige Vollmachten	Postschließfach
Kompetenzen	Bewirtungskosten für jugendliche bei Veranstaltungen: Max.10,-- Euro pro Tag und aktivem Jugendlichen max. Euro 2000,-- im Jahr
Schlüssel in Verwahrung	Geschäftsstelle, Übungsraum
Berichtet an	Erweiterter Vorstand
Erhält Protokolle von	Mitgliederversammlung, Vorstandssitzung, Abteilungsvorstandsitzungen
Verbandsgremien	keine
Aufwandsentschädigung	Übungsleiterentschädigung soweit steuerfrei möglich

16.10 Stellenbeschreibung Pressewart (Muster)

Bezeichnung der Stelle	Pressewart
Vorgesetzte Stelle - Fachlich	1. Vorsitzender
Vorgesetzte Stelle - Persönlich	Mitgliederversammlung
Nachgeordnete Stellen	
Allgemeine Weisungsrechte	
Spezielle Weisungsrechte	Alle Vereinsmitglieder in Sachen Öffentlichkeitsarbeit
Wird vertreten durch	Jugendwart
Ist Vertreter von	Jugendwart
Geschäftsführungsaufgaben	Pressearbeit, Artikel verfassen über die Arbeit des Vorstands und des Gesamtvereins. Sicherstellung einer angemessenen Pressearbeit in den Abteilungen, Veranstaltungen im Rahmen der Öffentlichkeitsarbeit, Pflege des Veranstaltungskalenders. Pflege der Vereins-Homepage.
Mitglied der Gremien	
Allgemeine Vollmachten	
Kontovollmachten	
Sonstige Vollmachten	Abgabe von Presseerklärungen für den Verein
Kompetenzen	
Schlüssel in Verwahrung	Geschäftsstelle, Schwarzes Brett
Berichtet an	Erweiterter Vorstand
Erhält Protokolle von	Mitgliederversammlung, Vorstandssitzung, Abteilungsvorstandsitzungen
Verbandsgremien	Pressewart im Kreisverband
Aufwandsentschädigung	500,-- Euro jährlich.

17   Notvorstand

17.1   Vorstand gesucht

Es kommt nicht selten vor, dass viele im Verein genau wissen, wie es denn weiter gehen soll, aber niemand bereit ist, sich für ein Vorstandsamt zur Verfügung zu stellen. Häufig wird dann der Vorschlag unterbreitet, dieses Problem durch das Amtsgericht lösen zu lassen, indem man beantragt, einen Notvorstand zu bestellen. Dabei wird übersehen, dass ein das Amtsgericht nur in bestimmten Fällen tätig werden wird und zudem für den Verein erhebliche Kosten entstehen können.

17.2   Nur in dringenden Fällen

In dringenden Fällen kann das Amtsgericht (Rechtspfleger) einen Notvorstand für den Verein bestellen, z.B. um Schaden von dem Verein abzuwenden oder um einen Gläubiger zu ermöglichen, gegen den Verein zu klagen. Dies kann im ersteren Fall schon dann sein, wenn durch die Nichtabgabe von Steuererklärungen dem Verein eine Strafe droht oder durch eine drohende Fristüberschreitung dem Verein Zuschüsse entgehen.

17.3 Mindestens einer fehlt

Voraussetzungen für die Bestellung eines Notvorstandes ist, dass mindestens ein Vorstandsmitglied für notwendige Beschlussfassungen oder Vertretungen des Vereins fehlt.

Die Gründe für dieses Fehlen können sein:

- Das Vorstandsmitglied ist ausgeschieden
  - o Mit Zeitablauf
  - o Durch Rücktritt
  - o Durch Tod
  - o Durch Amtsenthebung
  - o Durch Ausschluss aus dem Verein (wenn die Satzung nichts anderes bestimmt)
  - o Durch Geschäftsunfähigkeit
  - o Durch Wegfall persönlicher Eigenschaft (z.B. verlangter Beruf wird nicht mehr ausgeübt)

- das Vorstandsmitglied ist an der Amtsführung gehindert
  - o durch eine längere Krankheit
  - o durch Abwesenheit (z.B. berufsbedingt)
  - o durch Verweigerung der Geschäftsführung oder der Vertretung des Vereins. (z.B. Der Vorstand verweigert die Umsetzung eines Beschlusses der Mitgliederversammlung.)

17.4 Nicht immer die Lösung

Ein Notvorstand kann nicht bestellt werden,

- wenn der Antragsteller dem Vorstand Unfähigkeit unterstellt und darum gerne eine neue Besetzung hätte. Dies ist dann allein Sache der Mitgliederversammlung oder des lt. Satzung vorgesehenen Organs des Vereins.
- wenn Uneinigkeit im Vorstand herrscht, und dadurch eine sinnvolle Arbeit erschwert wird, muss dies intern geregelt werden.
- wenn die Einberufung der Mitgliederversammlung zur Lösung des Problems ausreicht. Dieses z.B. der Fall wenn in einer ausreichenden Frist ein neuer Vorstand gewählt werden könnte. Es geht also nicht, dass er der ausscheidende Vorstand meint, einen Nachfolger könne nicht gefunden werden und der darum das Amtsgericht um die Bestellung eines Notvorstandes bittet. Hier ist auf jeden Fall zunächst das Votum der Mitgliederversammlung abzuwarten.

17.5 Antragsteller

Antragsberechtigt sind nur Beteiligte. Dies in sind zunächst einmal die Mitglieder des Vereins, dazu zählen allerdings nicht inzwischen ausgeschiedenen Mitglieder. Des Weiteren natürliche oder juristische Personen, die in Geschäftsbeziehung zum Verein stehen. Zum Beispiel muss ein Gläubiger die Möglichkeit haben, eine Klage zuzustellen oder ein Schuldner seine Schulden zu begleichen. Ein Verband, in dem der Verein Mitglied ist, ist ebenfalls antragsberechtigt.

17.6   Keine Formvorschriften

An den Antrag werden keine Formvorschriften gestellt, er kann schriftlich oder mündlich beim Amtsgericht aufgegeben werden.

17.7   Personelle Vorschläge

Das Gericht ist nicht an personelle Vorschläge des Antragstellers gebunden. Es empfiehlt sich gleichwohl, bereits mit der Antragstellung dem Gericht einen Vorschlag zu unterbreiten, der natürlich mit dem Vorgeschlagenen abgestimmt sein sollte. Dies beschleunigt erfahrungsgemäß das Verfahren.

17.8   Kosten des Notvorstands

Das Gericht erwartet in der Regel einen Gebührenvorschuss durch den Antragsteller.

Der Notvorstand hat einen Anspruch auf Erstattung seiner Auslagen und u.U. auf Zahlung einer Vergütung. Dieser Anspruch richtet sich gegen den Verein, nicht gegen den Antragsteller oder gegen das Gericht. Ist der Notvorstand Mitglied des Vereins, besteht in der Regel nur Anspruch auf Erstattung der nachgewiesenen Auslagen. Wird ein Dritter zum Notvorstand bestellt, setzt das Amtsgericht für den Verein verbindlich eine Vergütung fest.

17.9 Bestellung und Annahme

Der Notvorstand ist bestellt, wenn das Gericht die Bestellung beschlossen hat und der vorgeschlagene die Wahl angenommen hat. Das Gericht kann mit der Bestellung Einschränkungen vornehmen, die zeitlicher Art sein können, Befristung der Amtsdauer bis zum 31.12. des Jahres, oder sachlicher Art sein können, dem Notvorstand wird aufgetragen, als einzige Amtshandlung eine Mitgliederversammlung Form und fristgerecht einzuberufen und mit dem Ziel der Wahl eines neuen Vereinsverstandes durchzuführen.

17.10 Eintragung

Der Notvorstand wird wie ein von der Mitgliederversammlung gewählter Vorstand in das Vereinsregister eingetragen.

17.11 Ende des Amtes

Das Amt des Notvorstandes endet, neben persönlichen Gründen, mit dem Wegfall des Grundes der Bestellung, z.B. wenn in einer Mitgliederversammlung der satzungsmäßige Vorstand gewählt wird. Der Notvorstand kann sein Amt niederlegen, aber auch vom Gericht abberufen werden. Eine solche Abberufung kann nicht beantragt werden.

18   Ablauforganisation

18.1.1 Dokumentieren

Gerade weil in der ehrenamtlichen Tätigkeit als Vereinsvorstand zwischen zwei gleichgelagerten Vorgängen häufig eine größere Zeitspanne liegt, sollten Sie großen Wert auf dokumentierte Arbeitsmittel in der Aufbauorganisation legen. Ideal wäre, wenn alle Anweisungen und Ordnungen in einem Ordner zusammengefasst den Vorstandsmitgliedern zur Verfügung gestellt werden könnten.

18.1.2 Geschäftsanweisungen

Zu der Grundausstattung der Ablauforganisation im Verein gehört die Geschäftsanweisung für den Vorstand. Die Geschäftsanweisung für den Vorstand beschließt die Mitgliederversammlung. Weitere Geschäftsanweisungen für andere Gremien können vom Vorstand erlassen werden.

18.1.3 Checklisten und Muster

Einfache aber besonders wirkungsvolle Organisationsmittel sind Checklisten und Muster. Legen Sie sich einen Fundus an Musterschreiben an. Dieses Heft ist eine Art ausformulierter Checkliste für Ihre Vorstandsarbeit.

18.1.4 Ordnungen

Zur Ablauforganisation gehören auch die Ordnungen des Vereins wie z.B. die Rechtsordnung, Sitzungsordnung in oder eine Ehrungsordnung. Ebenso rechnet man dazu Trainingspläne oder ein Spielpläne.

18.2 Muster-Sitzungsordnung

§ 1 Gültigkeitsbereich

- Die Sitzungsordnung gilt für Mitgliederversammlung, Vorstandssitzung (Geschäftsführender Vorstand und Erweiterter Vorstand) Ältestenrat und vom Vorstand oder der Mitgliederversammlung eingesetzte Ausschüsse, soweit nicht in der Satzung etwas anderes geregelt ist.
- Sie gilt für alle Sitzungen, in denen Informationen gegeben oder Beschlüsse gefasst werden. Die Vorschriften der Satzung werden hiervon nicht berührt.

§ 2 Einladungen. Leitung und Teilnehmerkreis

Zu Sitzungen wird durch Aushang am ``Schwarzen Brett" und/oder durch Veröffentlichung im Internet mindestens 7 Tage vorher eingeladen. Für die Mitgliederversammlungen gelten die in der Satzung festgelegten Bestimmungen.

- Sitzungen werden durch den Vorsitzenden oder dessen Vertreter geleitet. Sind beide verhindert, wird zu Beginn der Sitzung ein Versammlungsleiter gewählt.
- Sitzungen sind für alle Vereinsmitglieder öffentlich, soweit nichts anderes beschlossen wird.

§ 3 Beschlussfähig

Soweit die Satzung nichts anderes vorschreibt, sind die Organe und Ausschüsse bis zu 100 Mitgliedern beschlussfähig, wenn mehr als ein Fünftel ihrer Mitglieder, die Organe und Ausschüsse mit über 100 Mitgliedern, wenn mehr als ein Zehntel, mindestens jedoch 20 Mitglieder anwesend sind.

Die Beschlussfähigkeit ist zu Beginn jeder Sitzung vom Versammlungsleiter festzustellen.

§ 4 Tagesordnung

Die Tagesordnung ist in der bekannt gegebenen Reihenfolge zu behandeln. Änderungen und Ergänzungen müssen vor Eintritt in die Tagesordnung beschlossen werden.

§ 5 Anträge und Abstimmungen
- Anträge können nur durch die Mitglieder der Organe, Ausschüsse und Gremien gestellt werden.
- Anträge sind schriftlich oder mündlich spätestens so rechtzeitig zu stellen, dass sie zu Beginn der Sitzung in die Tagesordnung aufgenommen werden können.
- Anträge, die nicht auf der Tagesordnung stehen, können nur dann behandelt werden, wenn mehr als die Hälfte der Stimmberechtigten zustimmt. (Dringlichkeitsanträge).
- Anträge auf Verbesserung des Wortlautes in einem bereits gestellten Antrag können jederzeit eingebracht werden. Gleiches gilt für Gegenanträge zu den bereits auf der Tagesordnung stehenden Anträgen.
- Zu erledigten Anträgen darf das Wort nicht mehr erteilt werden, es sei denn, dass mehr als die Hälfte der Stimmberechtigten zustimmt.
- Über den weitest gehenden Antrag ist stets zuerst abzustimmen.
- Geschäftsordnungsanträge sind sofort zu behandeln. Wortmeldungen zur Geschäftsordnung erfolgen durch hochheben beider Hände.
- Geschäftsordnungsanträge sind insbesondere:
  o Anträge zur Tagesordnung
  o Anträge auf Verweis des Antrags zur Behandlung im Vorstand oder in einem Ausschuss
  o Anträge auf Schluss der Sitzung. Bereits aufgerufene Tagesordnungspunkte müssen in jedem Fall ordnungsgemäß abgehandelt werden.

o   Anträge auf Schluss der Rednerliste. Ein Redner der bereits zur Sache gesprochen hat, kann den Antrag nicht stellen.
o   Anträge auf Schluss der Debatte. Ein Redner, der bereits zur Sache gesprochen hat, kann diesen Antrag nicht stellen.

Abstimmungen werden offen durch Akklamation oder Handaufheben vorgenommen.

§ 6 Worterteilungen

Bei allen Sitzungen ist vom Protokollführer eine Rednerliste zu führen. Antragsteller oder Berichterstatter erhalten als erste und letzte das Wort.

Der Vorsitzende kann außer der Reihe das Wort ergreifen.

Rednern, die nicht zur Sache sprechen oder sich ungebührlich verhalten, kann vom Versammlungsleiter nach einer Verwarnung bei Fortsetzung des beanstandeten Verhaltens das Wort für einen Tagesordnungspunkt entzogen werden.

Bei groben Verstößen und Störungen kann der Versammlungsleiter einen Teilnehmer von der Sitzung ausschließen.

§ 7 Niederschriften

Soweit kein Protokollführer bestellt ist, kann er vom Versammlungsleiter ernannt werden.

Über alle Sitzungen ist ein Ergebnisprotokoll zu fertigen. Soweit einzelne Teilnehmer dies wünschen, können ihre Erklärungen zu einzelnen Tagesordnungspunkt in das Protokoll aufgenommen werden. Das Protokoll ist innerhalb von 14 Tagen ab Sitzungstag fertig zu stellen; es ist vom Protokollführer und dem Versammlungsleiter zu unterzeichnen.

Bei Abstimmungsergebnissen, denen eine Stimmauszählung zugrunde liegt, ist das Ergebnis in der Niederschrift festzuhalten.
Eine Ausfertigung des Protokolls ist innerhalb von vier Wochen ab Sitzungstag zuzustellen:

- Mitgliederversammlung: Dem Vorstand Gesamtverein
- Vorstandssitzung: Den Mitgliedern
- Abteilungsversammlung: Den Mitgliedern des Abteilungsvorstands und den Mitgliedern des Vorstands Gesamtverein
- Abteilungsvorstand: Den Mitgliedern und dem Vorstand Gesamtverein
- Ältestenrat: Den Mitgliedern und dem Vorsitzenden Gesamtverein und dem Geschäftsführer
- Ausschüsse: Den Mitgliedern und dem Vorstand Gesamtverein

Eine Ausfertigung aller Protokolle ist vom Geschäftsführer gesichert aufzubewahren

18.3 Muster-Geschäftsanweisung

für den Vorstand (Achtung – muss mit Sitzungsordnung (s.o.) abgestimmt werden)

Auf der Grundlage des § ___ der Vereinssatzung vom _____ beschließt die Mitgliederversammlung folgende Geschäftsanweisung für den Vorstand:

§ 1 Einberufung

Die Vorstandssitzungen finden jeweils am 2. Dienstag im Monat in Vereinslokal statt. Beginn 19:00. Eine gesonderte, dann schriftliche, Einladung ist nur erforderlich, wenn von diesem Termin abgewichen wird oder eine außerordentliche Vorstandssitzung erforderlich ist. Die Einberufung erfolgt durch den 1. Vorsitzenden oder gemäß den Regelungen für den Vertretungsfall.

§ 2 Tagesordnung

Die Tagesordnung ist den Vorstandsmitgliedern bis spätestens __ Kalendertage vor einer Sitzung durch Veröffentlichung im Internet mitzuteilen. Soweit dem für die Einladung zuständigen 1. Vorsitzenden bis dahin besondere Wünsche für die Tagesordnung übermittelt wurden, sind diese aufzunehmen.

§ 3 Beschlussfähigkeit

Der Vorstand ist beschlussfähig, wenn mindestens 3 Vorstandsmitglieder anwesend sind.

§ 4 Öffentlichkeit

Die Sitzungen des Vereinsvorstands sind nicht öffentlich. Mit einfacher Mehrheit kann über die Zulassung von Gästen entschieden werden. Auf Einladung des Vorstands können Vereinsmitglieder,

Mitglieder von anderen Vereinsorganen und - soweit erforderlich - auch Dritte an den Vorstandssitzungen beratend teilnehmen.

§ 5 Versammlungsleitung

Die Sitzungen des Vorstands werden vom 1. Vorsitzenden geleitet. Soweit dieser rechtlich oder tatsächlich an der Wahrnehmung seiner Aufgaben gehindert ist, übernimmt der 2.Vorsitzende die Versammlungsleitung.

§ 6 Beschlussgegenstand

In den Vorstandssitzungen wird grundsätzlich nur über die in der Tagesordnung angegebenen Punkte abgestimmt. Aus dringendem Anlass können jedoch auch weitere Punkte in die Tagesordnung aufgenommen werden. Über die Aufnahme der zu behandelnden Fragen befinden die in der Sitzung anwesenden Vorstandsmitglieder mit einfacher Mehrheit.

§ 7 Stimmrecht und Beschlussfassung

In den Sitzungen des Vorstands sind nur die anwesenden Mitglieder stimmberechtigt. Eine Stimmrechtsübertragung ist ausgeschlossen.

Jedes Vorstandsmitglied verfügt nur über eine Stimme.

Abstimmungen erfolgen durch Handzeichen. Eine geheime Abstimmung ist durchzuführen, wenn dies mindestens 2 Vorstandsmitglieder beantragen.

Der Vorstand entscheidet mit Mehrheit. Ein Beschluss ist somit angenommen, wenn die Zahl der „Ja" Stimmen die Zahl der „Nein" Stimmen übersteigt. Enthaltungen werden nicht mitgezählt. Bei Stimmengleichheit ist der Antrag abgelehnt.

§ 8 Aufgabenübertragung, Ausschüsse

Einzelne Vorstandsmitglieder können mit Einwilligung des gesamten Vorstands Dritte mit der Erledigung von Aufgaben betrauen, die in ihren Zuständigkeitsbereich fallen. Das jeweilige Vorstandsmitglied wird durch die Aufgabenübertragung nicht aus seiner Verantwortung entlassen. Die Kontroll- und Überwachungsaufgabe obliegt dem zuständigen Vorstandsmitglied.

§ 9 Sitzungsniederschrift

Über die Sitzungen des Vorstands ist ein Protokoll zu führen. Protokollführer ist der Schriftführer. Ist dieser verhindert, wird in der jeweiligen Sitzung mit einfacher Mehrheit über den Protokollführer entschieden.

Das Protokoll ist schriftlich abzufassen und vom Sitzungsleiter zu unterschreiben. Jedem Vorstandsmitglied ist ein Sitzungsprotokoll zuzuleiten.

§ 10 In-Kraft-Treten

Diese Geschäftsanweisung tritt am _____ in Kraft.

19 Grundsätze der Aufsichtspflicht

19.1.1 Vernünftige Anforderungen

Vielfach unterwirft sich der Vereinsvorstand, bewusst oder unbewusst, einer Aufsichtspflicht gegenüber Jugendlichen des Vereins aber auch gegenüber Jugendlichen, die an einer Veranstaltung des Vereins teilnehmen, ohne Mitglied zu sein. Entscheidend ist für die Bestimmung der Aufsichtspflicht, was verständige Erzieher nach vernünftigen Anforderungen unternehmen müssen, um die Schädigung ihrer Kinder oder die Schädigung Dritter durch ihre Kinder zu verhindern. Diese sehr allgemeine Definition lässt sich in drei Aspekte aufteilen.

Der Aufsichtspflichtige hat, um der Aufsichtspflicht nachzukommen:

19.1.2 Eine Informationspflicht

Er muss sich und die Kollegen, Eltern, Minderjährigen etc. umfassend informieren (Informationspflicht),

19.1.3 Eine Überwachungspflicht

Er muss die Aufsicht tatsächlich führen (vorsorgliche Belehrung und Warnung, Überwachung), Konsequenzen erkennen lassen und eingreifen.

19.1.4 Individuell

Der Umfang und der konkrete Inhalt der Aufsicht richten sich dabei nach den individuellen, persönlichen Besonderheiten des Aufsichtsbedürftigen und den sonstigen Umständen.

19.1.5 Folgende Faktoren sind zu berücksichtigen:

- Faktoren in der Person des Minderjährigen:
    - o Alter, Eigenart und Charakter
    - o körperlicher, seelischer und sozialer Entwicklungsstand (persönliche Reife)
    - o Verhaltensauffälligkeiten, Krankheiten
- Gruppenverhalten der Minderjährigen:
    - o Gruppengröße
    - o Zeit des Bestehens der Gruppe
    - o gruppendynamische Gesetzmäßigkeiten
- Gefährlichkeit der Beschäftigung des Minderjährigen:
    - o Art der Spiele
    - o Art der Spielgeräte
    - o Ausflüge, Wettkämpfe, Besichtigungen
    - o Baden (Schwimmen)
- Örtliche Umgebung:
    - o Abgeschlossenheit des Geländes
    - o auf dem Wege
    - o auf dem Spielplatz
    - o Nähe von Gewässern
    - o sonstige Gefahrenquellen, insbesondere Steinbrüche, Hochgebirge, hoher Schnee
    - o Großstadt, mittlere Stadt, Kleinstadt, Dorf
- Bezüglich der Person des Erziehers:
    - o Kenntnisse und Fertigkeiten
    - o pädagogische Erfahrung
    - o Verhältnis zwischen Erziehern und Minderjährigen:
        - ▪ Gruppengröße
        - ▪ Dauer des Bekannt seins
        - ▪ Vertraut sein im Umgang miteinander

20 Auszüge aus dem BGB mit Kommentar

20.1.1 § 26 [Vertretung des Vereins durch den Vorstand]

(1) Der Verein muss einen Vorstand haben. Der Vorstand kann aus mehreren Personen bestehen.

(2) Der Vorstand vertritt den Verein gerichtlich und außergerichtlich; er hat die Stellung eines gesetzlichen Vertreters. Der Umfang seiner Vertretungsmacht kann durch die Satzung mit Wirkung gegen Dritte beschränkt werden

20.1.2 Kommentar

(1)Jeder Verein muss zwingend einen Vorstand haben, der den Verein vertritt und im Namen des Vereins rechtsgeschäftliche Handlungen vornimmt. Die nach innen gerichtete Geschäftsführung kann anders geregelt sein.

Grundsätzlich kann jede natürliche Person, die das 7. Lebensjahr vollendet hat, und damit beschränkt geschäftsfähig ist, Vorstand eines Vereins werden. Ebenso können Ausländer ein Vorstandsamt bekleiden. Die Satzung kann jedoch ein Mindestalter vorschreiben. Unter Beachtung des Diskriminierungsverbots kann die Satzung Einschränkungen der Vorstandsfähigkeit vorsehen. Der Vorstand kann auch aus einer Person bestehen

(2).Wenn nicht anders geregelt, müssen alle Vorstandsmitglieder gemeinsam handeln. Da dies jedoch relativ unpraktikabel ist, schreibt die Satzung meistens eine andere Regelung vor. In der Satzung kann Ihre Vertretungsmacht auch in der Sache rechtswirksam gegenüber Dritten eingeschränkt werden, indem bestimmte Geschäfte überhaupt verboten werden, z.B. Grundstückskäufe, Geldanlagen außerhalb von Kreditinstituten oder/und bestimmte Geschäfte eines Beschlusses der Mitgliederversammlung bedürfen, z.B. Kreditaufnahmen, Einstellung von hauptamtliche Mitarbeitern

20.1.3 § 27 [Konstitutionierung und Kompetenz des Vorstandes]

(1) Die Bestellung des Vorstandes erfolgt durch Beschluss der Mitgliederversammlung.

(2) Die Bestellung ist jederzeit widerruflich, unbeschadet des Anspruchs auf die vertragsmäßige Vergütung. Die Widerruflichkeit kann durch die Satzung auf den Fall beschränkt werden, dass ein wichtiger Grund für den Widerruf vorliegt; ein solcher Grund ist insbesondere grobe Pflichtverletzung oder Unfähigkeit zur ordnungsmäßigen Geschäftsführung.

(3) Auf die Geschäftsführung des Vorstandes finden die für den Auftrag geltenden Vorschriften der §§ 664 bis 670 BGB entsprechende Anwendung.

20.1.4 Kommentar

(1) Die Bestellung des Vorstands erfolgt i.d.R. durch Beschluss mit einfacher Mehrheit in der Mitgliederversammlung. Die Satzung kann jedoch andere Regelungen vorsehen, z.B. Bestellung durch einen Beirat oder durch ein Kuratorium. Zulässig ist auch die teilweise Ergänzungswahl durch den Vorstand selbst. Unter bestimmten Voraussetzungen (z.B. bei engen rechtlichen und tatsächlichen Beziehungen) ist sogar die Bestellung durch einen Dritten möglich.

(2) Der Vorstand kann jederzeit, auch ohne Angabe von Gründen, abberufen werden. Er kann aber auch jederzeit zurücktreten. ein Rücktritt zur Unzeit, z.B. kurz vor einer von ihm organisierten großen Vereinsveranstaltung, kann ihn jedoch dann u.U. schadensersatzpflichtig machen.

(3) die Satzung kann andere Bestimmungen enthalten, siehe aber auch weiter unten.

20.1.5 § 28 [Fassung der Beschlüsse]

(1) Besteht der Vorstand aus mehreren Personen, so erfolgt die Beschlussfassung nach den für die Beschlüsse der Mitglieder des Vereins geltenden Vorschriften der §§ 32, 34.

(2) Ist eine Willenserklärung dem Vereine gegenüber abzugeben, so genügt die Abgabe gegenüber einem Mitgliede des Vorstandes.

20.1.6 Kommentar

(2) Nicht eingeschränkt werden kann der Vorstand in der so genannten Passivvertretung. Das heißt, die Abgabe einer Willenserklärung einem Vorstandsmitglied gegenüber muss der gesamte Vorstand und damit der Verein gegen sich gelten lassen. Die Kündigung einer Mitgliedschaft, falls sie nicht formgebunden ist, kann mit rechtlicher Wirkung auch nur einem Vorstandsmitglied gegenüber erklärt werden.

20.1.7 § 29 [Amtsgerichtliche Notbestellung]

Soweit die erforderlichen Mitglieder des Vorstandes fehlen, sind sie in dringenden Fällen für die Zeit bis zur Behebung des Mangels auf Antrag eines Beteiligten von dem Amtsgericht zu bestellen, das für den Bezirk, in dem der Verein seinen Sitz hat, das Vereinsregister führt.

20.1.8 Kommentar

Nur, wenn sofortiges Handeln erforderlich ist, um Schaden vom Verein und anderen abzuwehren und der Verein sonst nicht handlungsfähig ist. (z.B. Vorstand ist zurückgetreten, wg. Überschuldung muss Konkursantrag gestellt werden.)

Zuständig ist der Rechtspfleger beim Amtsgericht, der jedoch nur auf Antrag eines Vereinsmitgliedes, eines Gläubigers oder von jedem, der ein Recht gegen den Verein verfolgt, tätig werden darf.

Ein Antrag kann gestellt werden, wenn der Verein handlungsunfähig ist durch Tod, längere Krankheit, längere Abwesenheit oder grundsätzlich Verweigerung der Geschäftsführung eines, mehrerer oder aller Vorstandsmitglieder.

Ein Antragsgrund liegt nicht vor, wenn der Vorstand in bestimmten Fällen ein Handeln ablehnt, wenn es Differenzen innerhalb des Vorstands gibt, der Vorstand vermeintlich unfähig ist oder sogar treuwidrige Handlungen vornimmt. Hier muss zunächst der Verein im Rahmen seiner Möglichkeiten tätig werden.

20.1.9 § 30 [Durch Satzung bestellbare besondere Vertreter]

Durch die Satzung kann bestimmt werden, dass neben dem Vorstande für gewisse Geschäfte besondere Vertreter zu bestellen sind. Die Vertretungsmacht eines solchen Vertreters erstreckt sich im Zweifel auf alle Rechtsgeschäfte, die der ihm zugewiesene Geschäftskreis gewöhnlich mit sich bringt.

20.1.10 Kommentar

Es gibt es im Verein vielfältige Aufgaben, die nicht immer vom Vorstand erledigt werden müssen. Nehmen wir zum Beispiel die Aufgaben der Abteilungsleiter in einem Mehrspartenverein, des Jugendwartes, des Verantwortlichen für das Clubheim oder eines außerhalb des Vorstands beauftragten Geschäftsführers oder des Leiters der Vereinsgeschäftsstelle.

Das Vereinsrecht kennt hierfür den „besonderen Vertreter". Hiernach kann der Vorstand diesem Personenkreis nicht nur interne Entscheidungskompetenz übertragen, sondern nach satzungsgemäßer Legitimation können diese den Verein auch nach außen Vertreten und für ihn rechtsverbindlich Geschäfte abschließen. Voraussetzung ist, das in der Satzung entweder festgelegt ist, dass besondere Vertreter von der Mitgliederversammlung gewählt werden können, oder dass der Vorstand besondere Vertreter ernennen und abberufen kann.

Der besondere Vertreter hat die Stellung eines Vorstandes nach § 26 BGB und ist damit ein vertretungsberechtigtes Organ des Vereins, die Vertretungsmacht erstreckt sich jedoch nur auf die Rechtsgeschäfte, die der zugewiesene Aufgabenbereich gewöhnlich mit sich bringt. Da solche Geschäfte den Verein natürlich binden, sollte die Vertretungsmacht beschränkt werden, etwa durch eine schriftlich erteilte Vollmacht oder, dann mit verbindlicher Außenwirkung, durch Darlegung der Beschränkung in der Satzung.

20.1.11 § 31 [Vereinshaftung]

Der Verein ist für den Schaden verantwortlich, den der Vorstand, ein Mitglied des Vorstandes oder ein anderer verfassungsmäßig berufener Vertreter durch eine in Ausführung der ihm zustehenden Verrichtungen begangene, zum Schadensersatze verpflichtende Handlung einem Dritten zufügt.

20.1.12 § 31a (Haftung von Vorstandsmitgliedern)

(1) Ein Vorstand, der unentgeltlich tätig ist oder für seine Tätigkeit eine Vergütung erhält, die 720 Euro jährlich nicht übersteigt, haftet dem Verein für einen in Wahrnehmung seiner Vorstandspflichten verursachten Schaden nur bei Vorliegen von Vorsatz oder grober Fahrlässigkeit. Satz 1 gilt auch für die Haftung gegenüber den Mitgliedern des Vereins.

(2) Ist ein Vorstand nach Absatz 1 Satz 1 einem anderen zum Ersatz eines in Wahrnehmung seiner Vorstandspflichten verursachten Schadens verpflichtet, so kann er von dem Verein die Befreiung von der Verbindlichkeit verlangen. Satz 1 gilt nicht, wenn der Schaden vorsätzlich oder grob fahrlässig verursacht wurde.

20.1.13 Kommentar

Die interne Haftung des Vorstands besteht gegenüber dem Verein und den Vereinsmitgliedern. Dieses Risiko wird für den unentgeltlich oder gegen eine geringe Vergütung bis 500 € jährlich tätigen Vereinsvorstand begrenzt. Er ist nur noch für Schäden verantwortlich, wenn er in Wahrnehmung seiner Vorstandspflichten vorsätzlich oder grob fahrlässig handelt.

In § 31a Abs. 2 BGB wird die Haftungsfreistellung klargestellt. Ein unentgeltlich oder gegen eine geringe Vergütung bis 500 € jährlich tätiger Vereinsvorstand hat Anspruch auf Haftungsfreistellung gegen den Verein, wenn er von Dritten auf Ersatz eines in Wahrnehmung seiner Vorstandspflichten verursachten Schadens in Anspruch genommen wird. Dies gilt nicht, wenn er den Schaden vorsätzlich oder grob fahrlässig verursacht. Hinweis: Es ist nicht möglich, vorsätzlich leicht fahrlässig zu handeln.

20.1.14 Kommentar

Tritt überall dort ein, wo auch eine natürliche Person schadensersatzpflichtig wäre. Die Haftung kann u.a. entstehen durch unerlaubte Handlung, mangelnde Verkehrsicherungspflicht, unterlassene Aufsichtspflicht. Der Verein haftet auch bei vorliegen der sog. Anscheinsvollmacht oder Duldungsvollmacht.

20.1.15 § 32 [Mitgliederversammlung]

(1)Die Angelegenheiten des Vereins werden, soweit sie nicht von dem Vorstand oder einem anderen Vereinsorgane zu besorgen sind, durch Beschlussfassung in einer Versammlung der Mitglieder geordnet. Zur Gültigkeit des Beschlusses ist erforderlich, dass der Gegenstand bei der Berufung bezeichnet wird. Bei der Beschlussfassung entscheidet die Mehrheit der erschienenen Mitglieder.
(2) Auch ohne Versammlung der Mitglieder ist ein Beschluss gültig, wenn alle Mitglieder ihre Zustimmung zu dem Beschlusse schriftlich erklären

20.1.16 Kommentar

(1) Die Mitgliederversammlung ist das höchste Organ des Vereins. Bis auf die Vertretung des Vereins, die auf jeden Fall dem Vorstand vorbehalten bleibt, kann sie alle Kompetenzen durch Satzung bzw. Beschluss an sich ziehen. Sie beaufsichtigt die anderen Organe des Vereins (wenn die Satzung nichts anderes bestimmt).

Der Beschluss ist ein Rechtsgeschäft. Eine Anfechtung wegen Irrtums ist nur möglich, wenn die Stimmabgabe das Ergebnis beeinflusste. Sittenwidrige Beschlüsse sind nichtig. Stimmenthaltungen werden bei der Stimmauszählung nicht gewertet. (Auch nicht bei Berechnung von qualifizierten [2/3, 3/4] Mehrheiten).

Für Bestimmungen über Voraussetzung und Form der Mitgliederversammlung ist die Satzung zuständig. Die Tagesordnung muss so genau sein, dass die Mitglieder sich vorbereiten können.
Auf ungültige Beschlüsse kann sich jeder berufen, doch sind sie nach gewisser Zeit, insbesondere wenn inzwischen eine weitere Versammlung oder Sitzung stattgefunden hat, als gültig anzusehen.

20.1.17 § 33 [Änderung der Satzung und des Vereinszwecks]

(1) Zu einem Beschlusse, der eine Änderung der Satzung enthält, ist eine Mehrheit von drei Vierteilen der erschienenen Mitglieder erforderlich. Zur Änderung des Zweckes des Vereins ist die Zustimmung aller Mitglieder erforderlich; die Zustimmung der nicht erschienenen Mitglieder muss schriftlich erfolgen.
(2) Beruht die Rechtsfähigkeit des Vereins auf Verleihung, so ist zu jeder Änderung der Satzung staatliche Genehmigung oder, falls die Verleihung durch den Bundesrat erfolgt ist, die Genehmigung des Bundesrats erforderlich.

20.1.18 Kommentar

Die Satzung kann diese Bestimmung ändern, das heißt mildern (z.B. einfache Mehrheit) oder verstärken (z.B. einstimmige Be-

schlussfassung erforderlich). Satzungsänderung ist jede Verände-
rung des Wortlauts einer Satzung. Bei einer Satzungsänderung
müssen die Formvorschriften eingehalten werden. Die Mitglieder
müssen aus der Einladung ersehen können, worum es bei der Sat-
zungsänderung geht, der Tagesordnungspunkt "Satzungsänderung"
genügt diesen Ansprüchen nicht.

20.1.19 § 34 [Stimmrechtsausschluss]

Ein Mitglied ist nicht stimmberechtigt, wenn die Beschlussfassung die Vornahme eines Rechtsgeschäfts mit ihm oder die Einlei-
tung oder Erledigung eines Rechtsstreits zwischen ihm und dem
Vereine betrifft.

20.1.20 Kommentar

Die Teilnahme des betroffenen Mitglieds an der Versammlung
oder Sitzung ist möglich, stimmt das betroffene Mitglied mit ab, ist
der Beschluss nur ungültig, wenn die Stimmabgabe entscheidend
war.

20.1.21 § 278 [Haftung für Verschulden anderer (Erfüllungsge-hilfen)]

Der Schuldner hat ein Verschulden seines gesetzlichen Vertreters
und der Personen, deren er sich zur Erfüllung seiner Verbindlichkeiten bedient, in gleichem Umfange zu vertreten wie eigenes Verschulden. Die Vorschrift des § 276 Abs. 2 findet keine Anwendung.

20.1.22 § 278 II

Die Haftung wegen Vorsatzes kann dem Schuldner nicht im Voraus erlassen werden.

20.1.23 § 662 Vertragstypische Pflichten beim Auftrag

Durch die Annahme eines Auftrags verpflichtet sich der Beauftragte, ein ihm von dem Auftraggeber übertragenes Geschäft für diesen unentgeltlich zu besorgen.

Kommentar

Ohne anderweitige Regelung in der Satzung hat der Vorstand keinen Anspruch auf Vergütung

20.1.24 § 664 Unübertragsbarkeit; Haftung für Gehilfen

(1) Der Beauftragte darf im Zweifel die Ausführung des Auftrags nicht einem Dritten übertragen. Ist die Übertragung gestattet, so hat er nur ein ihm bei der Übertragung zur Last fallendes Verschulden zu vertreten. Für das Verschulden eines Gehilfen ist er nach § 278 verantwortlich.

(2) Der Anspruch auf Ausführung des Auftrags ist im Zweifel nicht übertragbar.

20.1.25 Kommentar

Hieraus ergibt sich die Pflicht zur persönlichen Amtsführung. Dem Vorstand kann durch die Satzung jedoch eine Vollübertragung der Geschäftsführung durch die Satzung gestattet werden, wenn er auf jeden Fall auch (z.B. mit einem hauptamtlichen Geschäftsführer) zumindest in Teilbereichen für die Vertretung des Vereins zuständig ist.

Die kurzfristige Beauftragung ist grundsätzlich genehmigungsfrei möglich, der Vorstand haftet dem Verein gegenüber jedoch für ein Verschulden des Gehilfen.

20.1.26 § 665 Abweichung von Weisungen

Der Beauftragte ist berechtigt, von den Weisungen des Auftraggebers abzuweichen, wenn er den Umständen nach annehmen darf, dass der Auftraggeber bei Kenntnis der Sachlage die Abweichung billigen würde. Der Beauftragte hat vor der Abweichung dem Auftraggeber Anzeige zu machen und dessen Entschließung abzuwarten, wenn nicht mit dem Aufschub Gefahr verbunden ist.

20.1.27 § 666 Auskunfts- und Rechenschaftspflicht

Der Beauftragte ist verpflichtet, dem Auftraggeber die erforderlichen Nachrichten zu geben, auf Verlangen über den Stand des Geschäfts Auskunft zu erteilen und nach der Ausführung des Auftrags Rechenschaft abzulegen.

20.1.28 Kommentar

nach § 259 hat jeder die grundsätzliche Pflicht zur Rechenschaftslegung, der fremde Angelegenheiten besorgt, also auch der Vereinsvorstand. Darüber hinaus hat er von sich aus Nachricht zu geben, wenn sich Besonderheiten negativer Art ergeben haben (z.B. verlorener Prozess). Auf Befragen ist in der Mitgliederversammlung Auskunft zu geben über den Geschäftsstand einer Angelegenheit und die Rechnungslegung. Gegenstand der Auskunftsbegehren über den Rechenschaftsbericht hinaus sind die Verhältnisse des Vereins und die Tätigkeiten der Vereinsorgane. Ein Recht zur Auskunftsverweigerung kann gegeben sein, wenn
a) die Erteilung einer Auskunft strafbar wäre oder eine gesetzliche, satzungsmäßige, vertragliche oder die Persönlichkeitsrechte betreffende Geheimhaltungspflicht verletzen würde
b) die Auskunft dem Verein einen nicht unerheblichen wirtschaftlichen Nachteil bringen würde.
Die Entscheidung zu a) und b) trifft allein der Auskunfterteilende. Er ist an einen anders lautenden Beschluss z.B. der Mitgliederversammlung nicht gebunden.

20.1.29 § 667 Herausgabepflicht

Der Beauftragte ist verpflichtet, dem Auftraggeber alles, was er zur Ausführung des Auftrags erhält und was er aus der Geschäftsbesorgung erlangt, herauszugeben.

20.1.30 § 668 Verzinsung des verwendeten Geldes

Verwendet der Beauftragte Geld für sich, das er dem Auftraggeber herauszugeben oder für ihn zu verwenden hat, so ist er verpflichtet, es von der Zeit der Verwendung an zu verzinsen.

20.1.31 § 669 Vorschusspflicht

Für die zur Ausführung des Auftrags erforderlichen Aufwendungen hat der Auftraggeber dem Beauftragten auf Verlangen Vorschuss zu leisten.

20.1.32 § 670 Ersatz von Aufwendungen

Macht der Beauftragte zum Zwecke der Ausführung des Auftrags Aufwendungen, die er den Umständen nach für erforderlich halten darf, so ist der Auftraggeber zum Ersatz verpflichtet.

20.1.33 § 671 Widerruf; Kündigung

(1) Der Auftrag kann von dem Auftraggeber jederzeit widerrufen, von dem Beauftragten jederzeit gekündigt werden.

(2) Der Beauftragte darf nur in der Art kündigen, dass der Auftraggeber für die Besorgung des Geschäfts anderweit Fürsorge treffen kann, es sei denn, dass ein wichtiger Grund für die unzeitige Kündigung vorliegt. Kündigt er ohne solchen Grund zur Unzeit, so hat er dem Auftraggeber den daraus entstehenden Schaden zu ersetzen.

(3) Liegt ein wichtiger Grund vor, so ist der Beauftragte zur Kündigung auch dann berechtigt, wenn er auf das Kündigungsrecht verzichtet hat.

20.1.34 § 673 Tod des Beauftragten

Der Auftrag erlischt im Zweifel durch den Tod des Beauftragten. Erlischt der Auftrag, so hat der Erbe des Beauftragten den Tod dem Auftraggeber unverzüglich anzuzeigen und, wenn mit dem Aufschub Gefahr verbunden ist, die Besorgung des übertragenen Geschäfts fortzusetzen, bis der Auftraggeber anderweit Fürsorge treffen kann; der Auftrag gilt insoweit als fortbestehend.

20.1.35 § 674 Fiktion des Fortbestehens

Erlischt der Auftrag in anderer Weise als durch Widerruf, so gilt er zugunsten des Beauftragten gleichwohl als fortbestehend, bis der Beauftragte von dem Erlöschen Kenntnis erlangt oder das Erlöschen kennen muss.

21 Abgabenordnung (Auszüge)

§ 14 Wirtschaftlicher Geschäftsbetrieb

Ein wirtschaftlicher Geschäftsbetrieb ist eine selbständige nach-
haltige Tätigkeit, durch die Einnahmen oder andere wirtschaftliche
Vorteile erzielt werden und die über den Rahmen einer Vermögensverwaltung hinausgeht. Die Absicht, Gewinn zu erzielen, ist nicht
erforderlich. Eine Vermögensverwaltung liegt in der Regel vor, wenn
Vermögen genutzt, zum Beispiel Kapitalvermögen verzinslich
angelegt oder unbewegliches Vermögen vermietet oder verpachtet
wird.

§ 51 Allgemeines

(1) Gewährt das Gesetz eine Steuervergünstigung, weil eine Körperschaft ausschließlich und unmittelbar gemeinnützige, mildtätige
oder kirchliche Zwecke (steuerbegünstigte Zwecke) verfolgt, so
gelten die folgenden Vorschriften. Unter Körperschaften sind die
Körperschaften, Personenvereinigungen und Vermögensmassen im
Sinne des Körperschaftsteuergesetzes zu verstehen. Funktionale
Untergliederungen (Abteilungen)von Körperschaften gelten nicht als
selbstständige Steuersubjekte.

(2) Werden die steuerbegünstigten Zwecke im Ausland verwirklicht, setzt die Steuervergünstigung voraus, dass natürliche Personen,
die ihren Wohnsitz oder ihren gewöhnlichen Aufenthalt im Geltungsbereich dieses Gesetzes haben, gefördert werden oder die
Tätigkeit der Körperschaft neben der Verwirklichung der steuerbegünstigten Zwecke auch zum Ansehen der Bundesrepublik Deutsch-
land im Ausland beitragen kann.

(3) Eine Steuervergünstigung setzt zudem voraus, dass die Körperschaft nach ihrer Satzung und bei ihrer tatsächlichen Geschäftsführung keine Bestrebungen im Sinne des § 4 des Bundesverfassungsschutzgesetzes fördert und dem Gedanken der Völkerverständi-

gung nicht zuwiderhandelt. Bei Körperschaften, die im Verfassungs-
schutzbericht des Bundes oder eines Landes als extremistische
Organisation aufgeführt sind, ist widerlegbar davon auszugehen, dass
die Voraussetzungen des Satzes 1 nicht erfüllt sind. Die Finanzbehörde teilt Tatsachen, die den Verdacht von Bestrebungen im Sinne
des § 4 des Bundesverfassungsschutzgesetzes oder des Zuwiderhan-
delns gegen den Gedanken der Völkerverständigung begründen, der
Verfassungsschutzbehörde mit.

§ 52 Gemeinnützige Zwecke

(1) Eine Körperschaft verfolgt gemeinnützige Zwecke, wenn ihre
Tätigkeit darauf gerichtet ist, die Allgemeinheit auf materiellem,
geistigem oder sittlichem Gebiet selbstlos zu fördern. Eine Förderung
der Allgemeinheit ist nicht gegeben, wenn der Kreis der Personen,
dem die Förderung zugute kommt, fest abgeschlossen ist, zum
Beispiel Zugehörigkeit zu einer Familie oder zur Belegschaft eines
Unternehmens, oder infolge seiner Abgrenzung, insbesondere nach
räumlichen oder beruflichen Merkmalen, dauernd nur klein sein
kann. Eine Förderung der Allgemeinheit liegt nicht allein deswegen
vor, weil eine Körperschaft ihre Mittel einer Körperschaft des öffentlichen Rechts zuführt.

(2) Unter den Voraussetzungen des Absatzes 1 sind als Förderung
der Allgemeinheit anzuerkennen:

1. die Förderung von Wissenschaft und Forschung;

2. die Förderung der Religion;

3. die Förderung des öffentlichen Gesundheitswesens und der öffentlichen Gesundheitspflege, insbesondere die Verhütung und Bekämp-
fung von übertragbaren Krankheiten, auch durch Krankenhäuser im
Sinne des § 67, und von Tierseuchen;

4. die Förderung der Jugend- und Altenhilfe;

5. die Förderung von Kunst und Kultur;

6. die Förderung des Denkmalschutzes und der Denkmalpflege;

7. die Förderung der Erziehung, Volks- und Berufsbildung einschließlich der Studentenhilfe;

8. die Förderung des Naturschutzes und der Landschaftspflege im Sinne des Bundesnaturschutzgesetzes und der Naturschutzgesetze der Länder, des Umweltschutzes, des Küstenschutzes und des Hochwasserschutzes;

9. die Förderung des Wohlfahrtswesens, insbesondere der Zwecke der amtlich anerkannten Verbände der freien Wohlfahrtspflege (§ 23 der Umsatzsteuer- Durchführungsverordnung), ihrer Unterverbände und ihrer angeschlossenen Einrichtungen und Anstalten;

10. die Förderung der Hilfe für politisch, rassisch oder religiös Verfolgte, für Flüchtlinge, Vertriebene, Aussiedler, Spätaussiedler, Kriegsopfer, Kriegshinterbliebene, Kriegsbeschädigte und Kriegsgefangene, Zivilbeschädigte und Behinderte sowie Hilfe für Opfer von Straftaten; Förderung des Andenkens an Verfolgte, Kriegs- und Katastrophenopfer; Förderung des Suchdienstes für Vermisste;

11. die Förderung der Rettung aus Lebensgefahr;

12. die Förderung des Feuer-, Arbeits-, Katastrophen- und Zivilschutzes sowie der Unfallverhütung;

13. die Förderung internationaler Gesinnung, der Toleranz auf allen Gebieten der Kultur und des Völkerverständigungsgedankens;

14. die Förderung des Tierschutzes;

15. die Förderung der Entwicklungszusammenarbeit;

16. die Förderung von Verbraucherberatung und Verbraucherschutz;

17. die Förderung der Fürsorge für Strafgefangene und ehemalige Strafgefangene;

18. die Förderung der Gleichberechtigung von Frauen und Männern;

19. die Förderung des Schutzes von Ehe und Familie;

20. die Förderung der Kriminalprävention;

21. die Förderung des Sports (Schach gilt als Sport);

22. die Förderung der Heimatpflege und Heimatkunde;

23. die Förderung der Tierzucht, der Pflanzenzucht, der Kleingärtnerei, des traditionellen Brauchtums einschließlich des Karnevals, der Fastnacht und des Faschings, der Soldaten- und Reservistenbetreuung, des Amateurfunkens, des Modellflugs und des Hundesports;

24. die allgemeine Förderung des demokratischen Staatswesens im Geltungsbereich dieses Gesetzes; hierzu gehören nicht Bestrebungen, die nur bestimmte Einzelinteressen staatsbürgerlicher Art verfolgen oder die auf den kommunalpolitischen Bereich beschränkt sind;

25. die Förderung des bürgerschaftlichen Engagements zugunsten gemeinnütziger, mildtätiger und kirchlicher Zwecke. Sofern der von der Körperschaft verfolgte Zweck nicht unter Satz 1 fällt, aber die Allgemeinheit auf materiellem, geistigem oder sittlichem Gebiet entsprechend selbstlos gefördert wird, kann dieser Zweck für gemeinnützig erklärt werden. Die obersten Finanzbehörden der Länder haben jeweils eine Finanzbehörde im Sinne des Finanzverwaltungsgesetzes zu bestimmen, die für Entscheidungen nach Satz 2 zuständig ist.

§ 53 Mildtätige Zwecke

Eine Körperschaft verfolgt mildtätige Zwecke, wenn ihre Tätigkeit darauf gerichtet ist,

Personen selbstlos zu unterstützen,

1. die infolge ihres körperlichen, geistigen oder seelischen Zustandes auf die Hilfe anderer angewiesen sind oder

2. deren Bezüge nicht höher sind als das Vierfache des Regelsatzes der Sozialhilfe im Sinne des § 28 des Zwölften Buches Sozialgesetzbuch; beim Alleinstehenden oder Haushaltsvorstand tritt an die Stelle des Vierfachen das Fünffache des Regelsatzes. Dies gilt nicht für Personen, deren Vermögen zur nachhaltigen Verbesserung ihres Unterhalts ausreicht und denen zugemutet werden kann, es dafür zu verwenden. Bei Personen, deren wirtschaftliche Lage aus besonderen Gründen zu einer Notlage geworden ist, dürfen die Bezüge oder das Vermögen die genannten Grenzen übersteigen. Bezüge im Sinne dieser Vorschrift sind

a) Einkünfte im Sinne des § 2 Abs. 1 des Einkommensteuergesetzes und

b) andere zur Bestreitung des Unterhalts bestimmte oder geeignete Bezüge, die der Alleinstehende oder der Haushaltsvorstand und die sonstigen Haushaltsangehörigen haben. Zu den Bezügen zählen nicht Leistungen der Sozialhilfe, Leistungen zur Sicherung des Lebensmittelunterhalts nach dem Zweiten Buch Sozialgesetzbuch und bis zur Höhe der Leistungen der Sozialhilfe Unterhaltsleistungen an Personen, die ohne die Unterhaltsleistungen sozialhilfeberechtigt wären, oder Anspruch auf Leistungen zur Sicherung des Lebensunterhalts nach dem Zweiten Buch Sozialgesetzbuch hätten. Unterhaltsansprüche sind zu berücksichtigen.

§ 54 Kirchliche Zwecke

(1) Eine Körperschaft verfolgt kirchliche Zwecke, wenn ihre Tätigkeit darauf gerichtet ist, eine Religionsgemeinschaft, die Körperschaft des öffentlichen Rechts ist, selbstlos zu fördern.

(2) Zu diesen Zwecken gehören insbesondere die Errichtung, Ausschmückung und Unterhaltung von Gotteshäusern und kirchlichen Gemeindehäusern, die Abhaltung von Gottesdiensten, die

Ausbildung von Geistlichen, die Erteilung von Religionsunterricht, die Beerdigung und die Pflege des Andenkens der Toten, ferner die Verwaltung des Kirchenvermögens, die Besoldung der Geistlichen, Kirchenbeamten und Kirchendiener, die Alters- und Behindertenversorgung für diese Personen und die Versorgung ihrer Witwen und Waisen.

§ 55 Selbstlosigkeit

(1) Eine Förderung oder Unterstützung geschieht selbstlos, wenn dadurch nicht in erster Linie eigenwirtschaftliche Zwecke - zum Beispiel gewerbliche Zwecke oder sonstige Erwerbszwecke - verfolgt werden und wenn die folgenden Voraussetzungen gegeben sind:

1. Mittel der Körperschaft dürfen nur für die satzungsmäßigen Zwecke verwendet werden. Die Mitglieder oder Gesellschafter (Mitglieder im Sinne dieser Vorschriften) dürfen keine Gewinnanteile und in ihrer Eigenschaft als Mitglieder auch keine sonstigen Zuwendungen aus Mitteln der Körperschaft erhalten. Die Körperschaft darf ihre Mittel weder für die unmittelbare noch für die mittelbare Unterstützung oder Förderung politischer Parteien verwenden.

2. Die Mitglieder dürfen bei ihrem Ausscheiden oder bei Auflösung oder Aufhebung der Körperschaft nicht mehr als ihre eingezahlten Kapitalanteile und den gemeinen Wert ihrer geleisteten Sacheinlagen zurückerhalten.

3. Die Körperschaft darf keine Person durch Ausgaben, die dem Zweck der Körperschaft fremd sind, oder durch unverhältnismäßig hohe Vergütungen begünstigen.

4. Bei Auflösung oder Aufhebung der Körperschaft oder bei Wegfall ihres bisherigen Zwecks darf das Vermögen der Körperschaft, soweit es die eingezahlten Kapitalanteile der Mitglieder und den gemeinen Wert der von den Mitgliedern geleisteten Sacheinlagen übersteigt, nur für steuerbegünstigte Zwecke verwendet werden (Grundsatz der Vermögensbindung). Diese Voraussetzung ist auch

erfüllt, wenn das Vermögen einer anderen steuerbegünstigten Körperschaft oder einer juristischen Person des öffentlichen Rechts für steuerbegünstigte Zwecke übertragen werden soll.

5. Die Körperschaft muss ihre Mittel grundsätzlich zeitnah für ihre steuerbegünstigten satzungsmäßigen Zwecke verwenden. Verwendung in diesem Sinne ist auch die Verwendung der Mittel für die Anschaffung oder Herstellung von Vermögensgegenständen, die satzungsmäßigen Zwecken dienen. Eine zeitnahe Mittelverwendung ist gegeben, wenn die Mittel spätestens in dem auf den Zufluss folgenden Kalender- oder Wirtschaftsjahr für die steuerbegünstigten satzungsmäßigen Zwecke verwendet werden.

(2) Bei der Ermittlung des gemeinen Werts (Absatz 1 Nr. 2 und 4) kommt es auf die Verhältnisse zu dem Zeitpunkt an, in dem die Sacheinlagen geleistet worden sind.

(3) Die Vorschriften, die die Mitglieder der Körperschaft betreffen (Absatz 1 Nr. 1, 2 und 4), gelten bei Stiftungen für die Stifter und ihre Erben, bei Betrieben gewerblicher Art von juristischen Personen des öffentlichen Rechts für die Körperschaft sinngemäß, jedoch mit der Maßgabe, dass bei Wirtschaftsgütern, die nach § 6 Absatz 1 Nummer 4 Satz 4 des Einkommensteuergesetzes aus einem Betriebsvermögen zum Buchwert entnommen worden sind, an die Stelle des gemeinen Werts der Buchwert der Entnahme tritt.

§ 56 Ausschließlichkeit

Ausschließlichkeit liegt vor, wenn eine Körperschaft nur ihre steuerbegünstigten satzungsmäßigen Zwecke verfolgt.

§ 57 Unmittelbarkeit

(1) Eine Körperschaft verfolgt unmittelbar ihre steuerbegünstigten satzungsmäßigen Zwecke, wenn sie selbst diese Zwecke verwirklicht. Das kann auch durch Hilfspersonen geschehen, wenn nach den Umständen des Falls, insbesondere nach den rechtlichen und tatsäch-

lichen Beziehungen, die zwischen der Körperschaft und der Hilfsperson bestehen, das Wirken der Hilfsperson wie eigenes Wirken der Körperschaft anzusehen ist.

(2) Eine Körperschaft, in der steuerbegünstigte Körperschaften zusammengefasst sind, wird einer Körperschaft, die unmittelbar steuerbegünstigte Zwecke verfolgt, gleichgestellt.

§ 58 Steuerlich unschädliche Betätigungen

Die Steuervergünstigung wird nicht dadurch ausgeschlossen, dass

1. eine Körperschaft Mittel für die Verwirklichung der steuerbegünstigten Zwecke einer anderen Körperschaft oder für die Verwirklichung steuerbegünstigter Zwecke durch eine juristische Person des öffentlichen Rechts beschafft; die Beschaffung von Mitteln für eine unbeschränkt steuerpflichtige Körperschaft des privaten Rechts setzt voraus, dass diese selbst steuerbegünstigt ist,

2. eine Körperschaft ihre Mittel teilweise einer anderen, ebenfalls steuerbegünstigten Körperschaft oder einer juristischen Person des öffentlichen Rechts zur Verwendung zu steuerbegünstigten Zwecken zuwendet,

3. eine Körperschaft ihre Arbeitskräfte anderen Personen, Unternehmen, Einrichtungen oder einer juristischen Person des öffentlichen Rechts für steuerbegünstigte Zwecke zur Verfügung stellt,

4. eine Körperschaft ihr gehörende Räume einer anderen, ebenfalls steuerbegünstigten Körperschaft oder einer juristischen Person des öffentlichen Rechts zur Nutzung zu steuerbegünstigten Zwecken überlässt,

5. eine Stiftung einen Teil, jedoch höchstens ein Drittel ihres Einkommens dazu verwendet, um in angemessener Weise den Stifter und seine nächsten Angehörigen zu unterhalten, ihre Gräber zu pflegen und ihr Andenken zu ehren,

6. eine Körperschaft ihre Mittel ganz oder teilweise einer Rücklage zuführt, soweit dies erforderlich ist, um ihre steuerbegünstigten
satzungsmäßigen Zwecke nachhaltig erfüllen zu können,

7. a) eine Körperschaft höchstens ein Drittel des Überschusses
der Einnahmen über die Unkosten aus Vermögensverwaltung und
darüber hinaus höchstens 10 Prozent ihrer sonstigen nach § 55 Abs. 1
Nr. 5 zeitnah zu verwendenden Mittel einer freien Rücklage zuführt,

b) eine Körperschaft Mittel zum Erwerb von Gesellschaftsrechten
zur Erhaltung der prozentualen Beteiligung an Kapitalgesellschaften
ansammelt oder im Jahr des Zuflusses verwendet; diese Beträge sind
auf die nach Buchstabe a in demselben Jahr oder künftig zulässigen
Rücklagen anzurechnen,

8. eine Körperschaft gesellige Zusammenkünfte veranstaltet, die
im Vergleich zu ihrer steuerbegünstigten Tätigkeit von untergeordne-
ter Bedeutung sind,

9. ein Sportverein neben dem unbezahlten auch den bezahlten
Sport fördert,

10. eine von einer Gebietskörperschaft errichtete Stiftung zur Erfüllung ihrer steuerbegünstigten Zwecke Zuschüsse an Wirtschaftsun-
ternehmen vergibt,

11. eine Körperschaft folgende Mittel ihrem Vermögen zuführt:

a) Zuwendungen von Todes wegen, wenn der Erblasser keine
Verwendung für den laufenden Aufwand der Körperschaft vorgeschrieben hat,

b) Zuwendungen, bei denen der Zuwendende ausdrücklich erklärt, dass sie zur Ausstattung der Körperschaft mit Vermögen oder
zur Erhöhung des Vermögens bestimmt sind,

c) Zuwendungen auf Grund eines Spendenaufrufs der Körperschaft, wenn aus dem Spendenaufruf ersichtlich ist, dass Beträge zur Aufstockung des Vermögens erbeten werden,

d) Sachzuwendungen, die ihrer Natur nach zum Vermögen gehören,

12. eine Stiftung im Jahr ihrer Errichtung und in den zwei folgenden Kalenderjahren Überschüsse aus der Vermögensverwaltung und die Gewinne aus wirtschaftlichen Geschäftsbetrieben (§ 14) ganz oder teilweise ihrem Vermögen zuführt.

§ 59 Voraussetzung der Steuervergünstigung

Die Steuervergünstigung wird gewährt, wenn sich aus der Satzung, dem Stiftungsgeschäft oder der sonstigen Verfassung (Satzung im Sinne dieser Vorschriften) ergibt, welchen Zweck die Körperschaft verfolgt, dass dieser Zweck den Anforderungen der §§ 52 bis 55 entspricht und dass er ausschließlich und unmittelbar verfolgt wird; die tatsächliche Geschäftsführung muss diesen Satzungsbestimmungen entsprechen.

§ 60 Anforderungen an die Satzung

(1) Die Satzungszwecke und die Art ihrer Verwirklichung müssen so genau bestimmt sein, dass auf Grund der Satzung geprüft werden kann, ob die satzungsmäßigen Voraussetzungen für Steuervergünstigungen gegeben sind. Die Satzung muss die in der Anlage 1 bezeichneten Festlegungen enthalten.

(2) Die Satzung muss den vorgeschriebenen Erfordernissen bei der Körperschaftsteuer und bei der Gewerbesteuer während des ganzen Veranlagungs- oder Bemessungszeitraums, bei den anderen Steuern im Zeitpunkt der Entstehung der Steuer entsprechen.

§ 61 Satzungsmäßige Vermögensbindung

(1) Eine steuerlich ausreichende Vermögensbindung (§ 55 Abs. 1 Nr. 4) liegt vor, wenn der Zweck, für den das Vermögen bei Auflösung oder Aufhebung der Körperschaft oder bei Wegfall ihres bisherigen Zwecks verwendet werden soll, in der Satzung so genau bestimmt ist, dass auf Grund der Satzung geprüft werden kann, ob der Verwendungszweck steuerbegünstigt ist.

(2) (weggefallen)

(3) Wird die Bestimmung über die Vermögensbindung nachträglich so geändert, dass sie den Anforderungen des § 55 Abs. 1 Nr. 4 nicht mehr entspricht, so gilt sie von Anfang an als steuerlich nicht ausreichend. § 175 Abs. 1 Satz 1 Nr. 2 ist mit der Maßgabe anzuwenden, dass Steuerbescheide erlassen, aufgehoben oder geändert werden können, soweit sie Steuern betreffen, die innerhalb der letzten zehn Kalenderjahre vor der Änderung der Bestimmung über die Vermögensbindung entstanden sind.

§ 63 Anforderungen an die tatsächliche Geschäftsführung

(1) Die tatsächliche Geschäftsführung der Körperschaft muss auf die ausschließliche und unmittelbare Erfüllung der steuerbegünstigten Zwecke gerichtet sein und den Bestimmungen entsprechen, die die Satzung über die Voraussetzungen für Steuervergünstigungen enthält.

(2) Für die tatsächliche Geschäftsführung gilt sinngemäß § 60 Abs. 2, für eine Verletzung der Vorschrift über die Vermögensbindung § 61 Abs. 3.

(3) Die Körperschaft hat den Nachweis, dass ihre tatsächliche Geschäftsführung den Erfordernissen des Absatzes 1 entspricht, durch ordnungsmäßige Aufzeichnungen über ihre Einnahmen und Ausgaben zu führen.

(4) Hat die Körperschaft Mittel angesammelt, ohne dass die Voraussetzungen des § 58 Nr. 6 und 7 vorliegen, kann das Finanzamt

ihr eine Frist für die Verwendung der Mittel setzen. Die tatsächliche Geschäftsführung gilt als ordnungsgemäß im Sinne des Absatzes 1, wenn die Körperschaft die Mittel innerhalb der Frist für steuerbegünstigte Zwecke verwendet.

§ 64 Steuerpflichtige wirtschaftliche Geschäftsbetriebe

(1) Schließt das Gesetz die Steuervergünstigung insoweit aus, als ein wirtschaftlicher Geschäftsbetrieb (§ 14) unterhalten wird, so verliert die Körperschaft die Steuervergünstigung für die dem Geschäftsbetrieb zuzuordnenden Besteuerungsgrundlagen (Einkünfte, Umsätze, Vermögen), soweit der wirtschaftliche Geschäftsbetrieb kein Zweckbetrieb (§§ 65 bis 68) ist.

(2) Unterhält die Körperschaft mehrere wirtschaftliche Geschäftsbetriebe, die keine Zweckbetriebe (§§ 65 bis 68) sind, werden diese als ein wirtschaftlicher Geschäftsbetrieb behandelt.

(3) Übersteigen die Einnahmen einschließlich Umsatzsteuer aus wirtschaftlichen Geschäftsbetrieben, die keine Zweckbetriebe sind, insgesamt nicht 35.000 Euro im Jahr, so unterliegen die diesen Geschäftsbetrieben zuzuordnenden Besteuerungsgrundlagen nicht der Körperschaftsteuer und der Gewerbesteuer.

(4) Die Aufteilung einer Körperschaft in mehrere selbständige Körperschaften zum Zweck der mehrfachen Inanspruchnahme der Steuervergünstigung nach Absatz 3 gilt als Missbrauch von rechtlichen Gestaltungsmöglichkeiten im Sinne des § 42.

(5) Überschüsse aus der Verwertung unentgeltlich erworbenen Altmaterials außerhalb einer ständig dafür vorgehaltenen Verkaufsstelle, die der Körperschaftsteuer und der Gewerbesteuer unterliegen, können in Höhe des branchenüblichen Reingewinns geschätzt werden.

(6) Bei den folgenden steuerpflichtigen wirtschaftlichen Geschäftsbetrieben kann der Besteuerung ein Gewinn von 15 Prozent der Einnahmen zugrunde gelegt werden:

1. Werbung für Unternehmen, die im Zusammenhang mit der steuerbegünstigten Tätigkeit einschließlich Zweckbetrieben stattfindet,

2. Totalisatorbetriebe,

3. Zweite Fraktionierungsstufe der Blutspendedienste.

§ 65 Zweckbetrieb

Ein Zweckbetrieb ist gegeben, wenn

1. der wirtschaftliche Geschäftsbetrieb in seiner Gesamtrichtung dazu dient, die steuerbegünstigten satzungsmäßigen Zwecke der Körperschaft zu verwirklichen,

2. die Zwecke nur durch einen solchen Geschäftsbetrieb erreicht werden können und

3. der wirtschaftliche Geschäftsbetrieb zu nicht begünstigten Betrieben derselben oder ähnlicher Art nicht in größerem Umfang in Wettbewerb tritt, als es bei Erfüllung der steuerbegünstigten Zwecke unvermeidbar ist.

§ 66 Wohlfahrtspflege

(1) Eine Einrichtung der Wohlfahrtspflege ist ein Zweckbetrieb, wenn sie in besonderem Maß den in § 53 genannten Personen dient.

(2) Wohlfahrtspflege ist die planmäßige, zum Wohle der Allgemeinheit und nicht des Erwerbs wegen ausgeübte Sorge für notleidende oder gefährdete Mitmenschen. Die Sorge kann sich auf das gesundheitliche, sittliche, erzieherische oder wirtschaftliche Wohl erstrecken und Vorbeugung oder Abhilfe bezwecken.

(3) Eine Einrichtung der Wohlfahrtspflege dient in besonderem Maße den in § 53 genannten Personen, wenn diesen mindestens zwei Drittel ihrer Leistungen zugute kommen. Für Krankenhäuser gilt § 67.

§ 67 Krankenhäuser

(1) Ein Krankenhaus, das in den Anwendungsbereich des Krankenhausentgeltgesetzes oder der Bundespflegesatzverordnung fällt, ist ein Zweckbetrieb, wenn mindestens 40 Prozent der jährlichen Belegungstage oder Berechnungstage auf Patienten entfallen, bei denen nur Entgelte für allgemeine Krankenhausleistungen (§ 7 des Krankenhausentgeltgesetzes, § 10 der Bundespflegesatzverordnung) berechnet werden.

(2) Ein Krankenhaus, das nicht in den Anwendungsbereich des Krankenhausentgeltgesetzes oder der Bundespflegesatzverordnung fällt, ist ein Zweckbetrieb, wenn mindestens 40 Prozent der jährlichen Belegungstage oder Berechnungstage auf Patienten entfallen, bei denen für die Krankenhausleistungen kein höheres Entgelt als nach Absatz 1 berechnet wird.

§ 67a Sportliche Veranstaltungen

(1) Sportliche Veranstaltungen eines Sportvereins sind ein Zweckbetrieb, wenn die Einnahmen einschließlich Umsatzsteuer insgesamt 45.000 Euro im Jahr nicht übersteigen. Der Verkauf von Speisen und Getränken sowie die Werbung gehören nicht zu den sportlichen Veranstaltungen.

(2) Der Sportverein kann dem Finanzamt bis zur Unanfechtbarkeit des Körperschaftsteuerbescheids erklären, dass er auf die Anwendung des Absatzes 1 Satz 1 verzichtet. Die Erklärung bindet den Sportverein für mindestens fünf Veranlagungszeiträume.

(3) Wird auf die Anwendung des Absatzes 1 Satz 1 verzichtet, sind sportliche Veranstaltungen eines Sportvereins ein Zweckbetrieb, wenn

1. kein Sportler des Vereins teilnimmt, der für seine sportliche Betätigung oder für die Benutzung seiner Person, seines Namens, seines Bildes oder seiner sportlichen Betätigung zu Werbezwecken von dem Verein oder einem Dritten über eine Aufwandsentschädigung hinaus Vergütungen oder andere Vorteile erhält und

2. kein anderer Sportler teilnimmt, der für die Teilnahme an der Veranstaltung von dem Verein oder einem Dritten im Zusammenwirken mit dem Verein über eine Aufwandsentschädigung hinaus Vergütungen oder andere Vorteile erhält.

Andere sportliche Veranstaltungen sind ein steuerpflichtiger wirtschaftlicher Geschäftsbetrieb. Dieser schließt die Steuervergünstigung nicht aus, wenn die Vergütungen oder andere Vorteile ausschließlich aus wirtschaftlichen Geschäftsbetrieben, die nicht Zweckbetriebe sind, oder von Dritten geleistet werden.

§ 68 Einzelne Zweckbetriebe

Zweckbetriebe sind auch:

1. a) Alten-, Altenwohn- und Pflegeheime, Erholungsheime, Mahlzeitendienste, wenn sie in besonderem Maß den in § 53 genannten Personen dienen (§ 66 Abs. 3),

b) Kindergärten, Kinder-, Jugend- und Studentenheime, Schullandheime und Jugendherbergen,

2. a) landwirtschaftliche Betriebe und Gärtnereien, die der Selbstversorgung von Körperschaften dienen und dadurch die sachgemäße Ernährung und ausreichende Versorgung von Anstaltsangehörigen sichern,

b) andere Einrichtungen, die für die Selbstversorgung von Körperschaften erforderlich sind, wie Tischlereien, Schlossereien, wenn die Lieferungen und sonstigen Leistungen dieser Einrichtungen an Außenstehende dem Wert nach 20 Prozent der gesamten Lieferungen und sonstigen Leistungen des Betriebs - einschließlich der an die Körperschaften selbst bewirkten - nicht übersteigen,

3. a) Werkstätten für behinderte Menschen, die nach den Vorschriften des Dritten Buches Sozialgesetzbuch förderungsfähig sind und Personen Arbeitsplätze bieten, die wegen ihrer Behinderung nicht auf dem allgemeinen Arbeitsmarkt tätig sein können,

b) Einrichtungen für Beschäftigungs- und Arbeitstherapie, in denen behinderte Menschen aufgrund ärztlicher Indikationen außerhalb eines Beschäftigungsverhältnisses zum Träger der Therapieeinrichtung mit dem Ziel behandelt werden, körperliche oder psychische Grundfunktionen zum Zwecke der Wiedereingliederung in das Alltagsleben wiederherzustellen oder die besonderen Fähigkeiten und Fertigkeiten auszubilden, zu fördern und zu trainieren, die für eine Teilnahme am Arbeitsleben erforderlich sind, und

c) Integrationsprojekte im Sinne des § 132 Abs. 1 des Neunten Buches Sozialgesetzbuch, wenn mindestens 40 Prozent der Beschäftigten besonders betroffene schwerbehinderte Menschen im Sinne des § 132 Abs. 1 des Neunten Buches Sozialgesetzbuch sind,

4. Einrichtungen, die zur Durchführung der Blindenfürsorge und zur Durchführung der Fürsorge für Körperbehinderte unterhalten werden,

5. Einrichtungen der Fürsorgeerziehung und der freiwilligen Erziehungshilfe,

6. von den zuständigen Behörden genehmigte Lotterien und Ausspielungen, wenn der Reinertrag unmittelbar und ausschließlich zur Förderung mildtätiger, kirchlicher oder gemeinnütziger Zwecke verwendet wird,

7. kulturelle Einrichtungen, wie Museen, Theater, und kulturelle Veranstaltungen, wie Konzerte, Kunstausstellungen; dazu gehört nicht der Verkauf von Speisen und Getränken,

8. Volkshochschulen und andere Einrichtungen, soweit sie selbst Vorträge, Kurse und andere Veranstaltungen wissenschaftlicher oder belehrender Art durchführen; dies gilt auch, soweit die Einrichtungen den Teilnehmern dieser Veranstaltungen selbst Beherbergung und Beköstigung gewähren,

9. Wissenschafts- und Forschungseinrichtungen, deren Träger sich überwiegend aus Zuwendungen der öffentlichen Hand oder Dritter oder aus der Vermögensverwaltung finanziert. Der Wissenschaft und Forschung dient auch die Auftragsforschung. Nicht zum Zweckbetrieb gehören Tätigkeiten, die sich auf die Anwendung gesicherter wissenschaftlicher Erkenntnisse beschränken, die Übernahme von Projektträgerschaften sowie wirtschaftliche Tätigkeiten ohne Forschungsbezug.

22 Musterbriefe

22.1 Schreiben wg. Neubesetzung Vereinsvorstand

An das Amtsgericht...

Betr.: Vereinsregister Nr. 1234 Verein XYZ e.V.

Die Mitgliederversammlung des Vereins XYZ e.V. hat am 11.1.02 gemäß § 00 der Satzung den Vorstand gewählt. Dem Vorstand gehören seitdem an:

1.Vorsitzender: (Name, Vorname, Anschrift, Beruf, Geburtsdatum – Hinweis: "Wie bisher" oder „Neu")
2.Vorsitzender: (Name, Vorname, Anschrift, Beruf, Geburtsdatum – Hinweis: "Wie bisher" oder „Neu")
Schriftführer: (Name, Vorname, Anschrift, Beruf, Geburtsdatum – Hinweis: "Wie bisher" oder „Neu")
Schatzmeister: (Name, Vorname, Anschrift, Beruf, Geburtsdatum – Hinweis: "Wie bisher" oder „Neu")
Wir bitten, die Veränderungen in das Vereinsregister einzutragen.

Unterschriften (Vertretungsberechtigt gemäß Satzung, die Unterschriften sind zu beglaubigen)

22.2 Schreiben wg. einer Satzungsänderung

An das Amtsgericht...

Vereinsregister Nr. 1234 Verein: XYZ e.V.

Sehr geehrte Damen und Herren,

in der Mitgliederversammlung vom 11.2.02 wurde gemäß § 00 der Satzung folgende Satzungsänderung beschlossen:

§ 9 [Stimmrecht] wurde erweitert um den Buchstaben e):

„Stimmrecht haben Jugendliche erst ab der Vollendung des 16. Lebensjahres."

Mit freundlichen Grüßen

Fleischer   Wojaschek

Unterschriften (Vertretungsberechtigt gemäß Satzung, die Unterschriften sind zu beglaubigen)

Anlage:

Einladung zur Mitgliederversammlung

Protokoll der Mitgliederversammlung

22.3 Auflösung des Vereins

An das Amtsgericht – Registergericht –

Betr.: Verein XY

Sehr geehrte Damen und Herren,

zur Eintragung melden wir an:
Die Mitgliederversammlung des Vereins XY hat am...... in einer satzungsgerecht durchgeführten Mitgliederversammlung mit der erforderlichen zwei Drittel Mehrheit (§ 7 der Satzung) die Auflösung des Vereins beschlossen. Das Protokoll wird als Anlage beigefügt.

Zu Liquidatoren wurden bestellt:

1. Name, Anschrift
2. Name, Anschrift

Beide sind jeder für sich zur Vertretung des Vereins berechtigt.

Der Verein ist nunmehr unter der Adresse des Liquidators zu 1. (Name, Anschrift) zu erreichen.

Name 1   Name 2

(Beglaubigung der Unterschriften durch einen Notar)

22.3.1 Auflösungsbekanntmachung

Absenderangabe = Verein XY in Liquidation

Öffentliche Bekanntmachung der Auflösung des Vereins XY
(Bekanntzumachen in dem in der Satzung vorgeschriebenen Organ,
wenn keines genannt, im Amtsblatt des Amtsgerichts)

Mit Beschluss der Mitgliederversammlung vom….hat der Verein XY
seine Auflösung beschlossen.

Ansprüche sind bis zum….. bei den gewählten Liquidatoren

1. Name, Anschrift
2. Name, Anschrift

anzumelden.

Name 1, Name 2

22.4 Notvorstand

Antrag auf Bestellung

An des Amtsgericht – Registergericht –

Betr. Verein XY – Vereinsregister Nr. 4711

Sehr geehrte Damen und Herren,

wir, die unterzeichneten
1. Name, Anschrift
2. Name, Anschrift
3. Name, Anschrift

sind am ... als Vorstandsmitglieder des obigen Vereins zurückgetreten, nachdem in zwei Mitgliederversammlungen niemand bereit war, als Vorstand zu kandidieren. Der Verein ist damit ohne Vorstand.

Wir beantragen, einen Notvorstand zu bestellen und schlagen dazu Herrn Rechtsanwalt ABC vor, der bereit ist, diese Funktion auszufüllen. Der Verein verfügt über ausreichende Mittel, um die Kosten eines Notvorstands zu tragen.

Mit freundlichen Grüßen

Name 1, Name 2, Name 3

(Beglaubigung ist nicht erforderlich)

23 Index

§ 31 a BGB 36

2. Vorsitzender 66

Abgabenordnung 98

Ablauforganisation 76

Amtsausübung 59

Amtsdauer 10

Amtsenthebung 11, 72

Anforderungen 59

Angelernte 59

Annahme der Wahl 10

Anschreiben 23

Anstellungsvertrag 60

ApothekerUrteil 58

Arbeitnehmer Vorstand 60

Arbeitsaufwand 58

Aufbauorganisation 62

Aufgabenverteilung 8

Auflösung 103, 108, 117, 118

Aufsichtspflicht 29, 84, 91

Aufwandsentschädigung 60

Aufwandsentschädigung. ...30

Aufwandsersatz 54

Aufwendungsersatz 55

Ausbildung 59

Ausschluss 11, 72

Bachelor 59

Beschlussfähigkeit 38

besondere Vertreter 15

Bestellung des Vorstandes ...8

Bestellung eines Notvorstandes 72

Bezahlung 56

BGB 86

Blockwahlverfahren 10

Buchführung 29

Dienstvertrag Vorstand 60

Ehrenamtspauschale 55

„Der ehrenamtliche Vereinsvorstand"
Aufgaben – Risiken – Rechte

Eigenhaftung 13

Einberufung38, 40, 53, 73, 81

Einsichtsrecht 47

Ende des Vorstandsamtes.. 11

Entlastung des Vorstandes 17

Entscheidungskompetenz .. 16

Fachhochschulstudium 59

Finanzplan 32

Führung 20

gefahrgeneigten Tätigkeit.. 61

Gema 26

Gemeinnützigkeit 30, 35

Generalvollmacht 16

Geschäftsanweisung 81

Geschäftsführer 68

Geschäftsführungsaufgaben52

Geschäftsverteilungsplan... 63

gesetzliche Verbote 19

Gesetzliche   Verpflichtungen
.... 22

gesetzlicher Vertreter .. 12, 36

Gremien 62

grobe Fahrlässigkeit 37

Haftung gegenüber Dritten.37

Haftungsbeschränkung.......61

Haushaltsplan....................45

Hochschulstudium..............59

Insolvenz...........................23

Interessenkollisionen..........21

Inventarverzeichnis............33

Jahresabschluss............31, 45

Kommentar zum BGB 86

Kommunikations-
    Beziehungen..................63

Kompetenzen 63

Kontrollen 50

Kontrollsystem..................50

Körperschaft 11

Körperschaftsteuererklärung,
   23

Kosten der Anmeldung 22

Leitung   der
    Mitgliederversammlung .53

Liquiditätsplan 33

Lohnfortzahlung 60

Lohnsteuererklärung.......... 23

Master 59

Mehrheiten 9

Mitgliederversammlung18, 59

Mitgliederverwaltung 28

Muster-Sitzungsordnung ... 77

Neubesetzung
Vereinsvorstand........... 115

Notvorstand71, 73, 74, 75,
119

Ordnungsmacht 53

Organigramm 62

Passivvertretung 13, 88

Personalverantwortung...... 29

persönliche Haftung 36

Pflichten 28, 29, 52, 53, 94

Pflichtverletzung 36

Planungen........................ 50

Pressewart 70

Protokoll20, 39, 46, 47, 65,
79, 83, 116, 117

Rechenschaftsbericht 42

Rechte 51

Rechtswirksamkeit 39

Rechtswirksamkeitsprüfung46

Registergericht 22

Ressortleiter 14

Ressortverantwortlichkeit ..14

Rücktritt 11, 22, 54, 72, 87

Satzung 7

Satzungsänderung 116

Schadensersatz.................37

Schatzmeister 67

Sitzungsordnung 77

Sitzungstermine................38

Sozialversicherungspflichten
23

Stellenbeschreibung 65, 69

Steuerarten 34

Steuererklärungen 23

Steuerpflichtig................. 34

Steuerrecht...................... 34

Stimmrecht......... 17, 82, 116

Stundensätze..................... 59

Tagesordnung38, 40, 41, 46, 65, 78, 81, 82, 92

Tarifvertrag...................... 59

Treueverpflichtung............ 22

Überwachungspflicht......... 84

Umsatzsteuererklärung...... 23

unentgeltlich..................... 57

Verantwortung............ 20, 58

Verbandsmitgliedschaften. 24

Vereinsgrundsätze............. 49

Vereinsziele...................... 49

vergleichbare Tätigkeit...... 59

Vergütung......................... 57

Vergütung Vorstand......... 57

Vermögensverwaltung30, 31, 98

Versammlungsleiter........... 53

Versammlungsprotokoll.....47

Verschwiegenheit..............21

Versicherungen.................24

Vertretungsmacht...12, 37, 51

Vertretungsorgans.............60

Vollmacht 16

Vollmachten......................63

Vorsatz.............................37

Vorstand...........................11

Vorstand Arbeitnehmer......60

Vorstand gesucht...............71

Vorstandsmitglied.............12

Vorstandsmitglieder als Arbeitnehmer...............56

Vorstandspflichten............20

Vorstandssitzung...............38

Vorstandsvergütung..........57

Wählbar 7

Wählbarkeit........................7

Wahlverfahren 9

weisungsberechtigt............18

Willenserklärung... 13, 37, 88   Ziele 50

Worterteilungen 79   Zweckbetrieb 31

„Der ehrenamtliche Vereinsvorstand"
Aufgaben – Risiken – Rechte

„Der ehrenamtliche Vereinsvorstand"
Aufgaben – Risiken – Rechte

„Der ehrenamtliche Vereinsvorstand"
Aufgaben – Risiken – Rechte